CELEBRAR A PALAVRA
Manual do Ministro da Palavra

Pe. FERDINANDO MANCILIO, C.Ss.R.

CELEBRAR A PALAVRA
Manual do Ministro da Palavra

SANTUÁRIO

Direção editorial: Pe. Fábio Evaristo Resende Silva, C.Ss.R.
Coordenação editorial: Ana Lúcia de Castro Leite
Copidesque: Luana Galvão
Revisão: Manuela Ruybal
Diagramação e capa: Bruno Olivoto

Dados Internacionais de Catalogação na Publicação (CIP)
(Câmara Brasileira do Livro, SP, Brasil)

Mancilio, Ferdinando
  Celebrar a palavra: manual do ministro da palavra / Pe. Ferdinando Mancilio. – Aparecida, SP: Editora Santuário, 2016.

  ISBN 978-85-369-0444-3

  1. Catequese – Igreja Católica 2. Eucaristia 3. Ministros do culto – Manuais, guias etc. 4. Ministério – Igreja Católica 5. Ministério leigo – Formação I. Título.

16-04183 CDD-264.36

Índices para catálogo sistemático:
1. Formação de Ministros da Eucaristia:
   Igreja Católica: Manuais 264.36

3ª impressão

Todos os direitos reservados à EDITORA SANTUÁRIO – 2019

Rua Pe. Claro Monteiro, 342 – 12570-000 – Aparecida-SP
Tel: 12 3104-2000 – Televendas: 0800 - 16 00 04
www.editorasantuario.com.br
vendas@editorasantuario.com.br

Sumário

Introdução | 7

1ª parte
  No princípio era o Verbo | 11
    1. A Palavra, seu sentido e significação para o cristão | 11
    2. Leitura Orante da Palavra de Deus | 27

2ª parte
  E o Verbo se encarnou | 31
    1. Deus vem a nosso encontro | 31
    2. Convocados pela Palavra | 33

3ª parte
  Celebrar a Palavra | 43
    1. Cuidar do ambiente celebrativo | 43
    2. Cuidados na Celebração da Palavra | 45

3. Sentido ministerial na celebração | 50
4. O bom exercício do ministério | 54

4ª parte
Propostas para a Celebração da Palavra | 59
 1. Momentos orantes | 59
 2. Roteiros para a "Celebração da Palavra" | 60
   Roteiro A | 60
   Roteiro B | 61
   Roteiro C | 62
   Roteiro D ("Celebração da Palavra"
   "Deus Conosco") | 62
 3. Visita aos enfermos e comunhão deles | 63
   Roteiro A | 64
   Roteiro B | 65
 4. Celebração das Exéquias | 67
   Roteiro A | 68
   Roteiro B | 70
 5. Orações diversas | 72

Conclusão | 85

Introdução

É importante que tomemos consciência de que nossos encontros celebrativos precisam ser sempre encontros de fé e de experiência de vida com Deus. As comunidades cristãs, que se encontram para a Celebração da Palavra, fazem a mesma experiência de fé que o povo hebreu fez, quando meditava o Livro da Lei, o Pentateuco, ou seja, os cinco primeiros livros da Bíblia. Ao iniciar este livro, tendo como objetivo a Comunidade cristã, como sinal sacramental e fundada nos Ministérios, tomo como inspiração o livro de Neemias.

Ao abrirmos o livro de Neemias encontramos uma das mais belas passagens escriturísticas do Antigo Testamento (Ne 8,2-10). O povo reunido defronte da Porta das Águas, escutando, como povo eleito, a Palavra do Senhor, que o orientava em sua vida não apenas material, mas principalmente religiosa. Esdras, sacerdote, explicava para o povo o grande sentido da

Aliança, lendo o livro da Lei, o Pentateuco. Após ouvir desde a manhã até o meio-dia a leitura do livro da Lei, o povo se reunia em família e celebrava como irmãos a Aliança do Senhor, em uma saudável refeição. O povo sentia a alegria da salvação, a certeza de que o Senhor estava com ele, que Deus o protegia. O povo chorava ao ouvir os feitos do Senhor, louvava-o com toda a força de sua alma, pois reconhecia as maravilhas que o Senhor fazia por ele.

A partir desse texto, podemos perceber que:

- O povo se reuniu para ouvir a Palavra, formando uma assembleia.
- O povo estava atento ao que era proclamado.
- O sacerdote Esdras explicava ao povo as passagens da Escritura.
- O povo chorava de alegria ao compreender os feitos do Senhor.
- O encontro com a Palavra durou de manhã até o meio-dia.
- Voltaram para casa e celebraram com júbilo a Aliança do Senhor.

Essa passagem nos interroga sobre nossa escuta da Palavra do Senhor. O povo ouviu, alegrou-se e celebrou agradecido. Essa deveria ser a mesma realidade de nossas celebrações hoje, seja a Celebração da Eucaristia, seja a Celebração da Palavra.

Será que nos alegramos, entusiasmamo-nos com o que o Senhor nos diz? A Palavra é a mesma, pois é a mesma verdade de todos os séculos. A história está em seu tempo, mas a Palavra do Senhor está muito além da história e a ela responde. Por isso, será sempre a verdade para a humanidade.

> É preciso alegrar-se com a certeza da presença do Senhor entre nós.
> Sua Palavra nos dá o testemunho de seu amor para conosco!

Outro trecho da Sagrada Escritura, que nos ajuda a compreender a presença amorosa de Deus, está em 1Rs 19,9ss. O profeta Elias tem uma nobre experiência divina, uma teofania, e ele vai demorar um pouquinho para compreender o que está se passando a sua volta. Mesmo com sua fragilidade humana, vai entender que *Deus está com ele e pedindo-lhe uma grande missão*. Essa é também a realidade de nossa vida cristã e de nossas comunidades. É preciso estar atento aos sinais de Deus.

O profeta Elias caminhou quarenta dias e quarenta noites até chegar ao monte Horeb, com a força do pão. Lá entrou em uma gruta. Meditou sobre a atitude dos israelitas, que abandonaram a Aliança com Deus, e falou com Deus sobre isso. Mas o próprio Senhor pediu-lhe que ficasse diante dele, no alto da montanha. Veio o vento forte e impetuoso, que fendia as montanhas e quebrava os rochedos, vieram o terremoto e o fogo, mas o Senhor não estava ali. Depois disso veio o sussurro de uma brisa leve, e, quando Elias viu o Senhor, cobriu o rosto e pôs-se à entrada da gruta, e o Senhor lhe deu uma missão (1Rs 19,9ss). O Senhor se manifestou a ele não na agitação do mundo, mas no silêncio, na brisa leve.

Seguindo um pouco mais adiante no texto bíblico, encontramos o chamado de Eliseu, que estava no campo, trabalhando, e Elias lançou sobre ele seu manto, o que significa *chamado para a continuidade da missão*. E Eliseu, decidido, pôs-se a serviço de Elias.

Em tão poucas palavras desses dois trechos da Escritura, temos uma grandeza imensa, impossível de ser medida ou calculada, o que seria suficiente para meditarmos a vida inteira. Mas em tempos apressados e agitados como o nosso, talvez não queiramos nem pensar em meditar. Descobrir a grandeza da Palavra de Deus e a ela servir exige humildade, renúncia, meditação, oração e decisão firme a seu favor.

Este é o objetivo do que aqui vai escrito: despertar-nos para a grandeza da Palavra de Deus, tão presente em nossas celebrações, e para que a celebração na comunidade seja muito viva. Tudo, porém, só é possível se amadurecermos interiormente, pois tudo passa primeiro pelo nosso interior. É no coração que tomamos as mais importantes decisões de nossa vida.

1ª parte

No princípio era o Verbo

1. A Palavra, seu sentido e significação para o cristão

> *O Senhor me aconselha, e até de noite me adverte o coração. Tenho sempre o Senhor ante meus olhos, pois se o tenho a meu lado não vacilo.*
> *(Sl 15,7-8)*

Compreendamos agora a grandeza, a simplicidade e a beleza do amor do Senhor por nós, reveladas em sua Palavra.

Bíblia...

Um livro constituído de muitos livros, feito em mutirão, pois não foram poucos os que o Senhor chamou para serem seus colaboradores na História da Salvação. Esse livro ou essa verdadeira biblioteca, pois contém 73 livros, traz-nos a história de um Deus, que é Pai e fez uma Aliança de amor com a humanidade inteira. O ápice dessa Aliança é seu Filho Jesus Cristo. Trata-se de descobrir sua beleza e sua grandeza, e no dizer de Frei Carlos Mesters "é como o coco: tem uma casca dura, mas guarda uma água saborosa em seu interior". Essa é uma bela expressão, pois, para entender a pedagogia de Deus conosco, temos de quebrar a casca de nós mesmos, às vezes resistentes à verdade divina.

Há uma diferença que é preciso ficar clara para nós: a diferença entre BÍBLIA e PALAVRA DE DEUS. BÍBLIA é o livro que contém todos os livros da Bíblia, desde o Gênesis até o Apocalipse. PALAVRA DE DEUS é a narração de toda a História da Salvação, da Aliança, que Deus fez com nossa humanidade. Por isso que em nossas liturgias devemos ter muita atenção para com a Palavra de Deus. E, quando respeitamos a Bíblia, estamos respeitando a Palavra, que o Senhor nos dirigiu.

> A Bíblia é o livro que contém todos os livros do Antigo e do Novo Testamento. A Palavra de Deus é a narração da História da Salvação, da Aliança divina, que vai culminar com a chegada de Jesus Cristo, Aliança eterna do Pai!

O que devemos fazer...

A Palavra do Senhor deve ser como um amigo ou amiga. Gostamos de estar com eles, de conversar, de dialogar, trocar ideias. A Palavra deve ser nossa amiga, nossa família. Quando temos *familiaridade* com a Palavra, como se fosse alguém de nossa família, criamos uma intimidade, estabelecendo laços muito fortes de amizade. Descobrimos a *amizade* de Deus para conosco. Ele continua a nos falar por meio *dos acontecimentos* que nos acercam, como também nos acontecimentos distantes. O jeito de Deus nos falar, tanto no tempo bíblico como no tempo de agora, é por meio dos acontecimentos. Neles estão presentes as pessoas. E Deus nos fala por intermédio das pessoas. A pessoa é por excelência o meio pelo qual o Senhor se comunica conosco. Por isso que Jesus se fez homem, para nos dar a grande notícia do amor do Pai por nós.

> É preciso ter familiaridade com a Palavra, pois por meio dela o Senhor continua a nos ensinar o jeito certo de viver. Ele nos fala por intermédio das pessoas, dos fatos e dos acontecimentos. A Palavra nos mostra a amizade de Deus para com a humanidade!

Cada cristão e cada líder de comunidade devem cultivar uma grande estima e amor para com a Sagrada Escritura. Em nossas celebrações, na catequese, nos encontros festivos ou tristes, a Palavra tem sempre algo para nos dizer sobre aquela realidade que estamos vivendo. Ela ilumina e orienta nossa história e nossa fé.

Na História da Salvação, mesmo que o homem e a mulher tenham sido infiéis, rompendo a Aliança divina por causa do pecado, do "não" que disseram à proposta de Deus – pecado é dizer "não" à proposta de Deus, de seu amor –, Deus continuou sempre fiel. Ele não se cansou e não se cansa de nos mostrar que o ser humano é sagrado e nos demonstrou essa verdade em Cristo, seu Filho, pois Cristo nasceu de Maria e se fez homem.

A Bíblia, que contém a Palavra de Deus, não é, portanto, um *amuleto*. O que é um amuleto? É algo material, que alguém carrega ou guarda consigo e lhe atribui poderes, forças, autodefesa... A Palavra de Deus é a verdade divina, que nos ensina o caminho de Deus no meio da humanidade e como a humanidade precisa andar no caminho de Deus. A Palavra mostra sua força se ela encontrar seu lugar em nós. Certamente, falamos muitas palavras em cada dia. Mas *quais são as palavras salvadoras que dizemos?* Certamente, dizemos muitas palavras boas, necessárias e edificantes, ou dizemos apenas por dizer. A Palavra de Deus não: Nela não há nenhuma palavra inútil ou dita apenas por dizer... Ela é *a Palavra salvadora*.

> A Palavra de Deus é Palavra salvadora. Nenhuma pessoa em sã consciência a despreza ou faz dela um objeto, pois sabe que ela é a História da Aliança do Pai em seu Filho Jesus, para nossa salvação!

A Palavra e a vida...

A Bíblia é um *livro de amor, uma Carta de Amor,* no dizer de São Gregório Magno! Ela nos mostra a presença amorosa de Deus junto de seu povo peregrino, ontem e hoje! Na Palavra do Senhor nela contida, encontramos uma *grande receita* para nossa vida. Ela nos traz a riqueza infinita do amor de Deus por nós.

Mas, para encontrarmos essa *grande receita*, temos de lê-la. Só isso? Não! Esse é o primeiro passo, pois em seguida vem a meditação dessa Palavra, sua comparação ou confronto com a vida e a oração que dela brota. Esse é o caminho que devemos percorrer para um melhor proveito da Palavra que lemos. Digamos que seja como arrumar as coisas dentro de um armário. Sabemos que as coisas devem estar nele bem organizadas, senão perdemos espaços e teremos dificuldades para encontrar o que procuramos.

Assim, pelo caminho da *leitura, meditação, comparação com a vida e a oração,* tiraremos mais proveito, maior compreensão e experimentaremos a ação da graça do Senhor. A graça de Deus conta com nossa parte, com nossa colaboração.

> A Palavra é para ser lida ou ouvida, meditada, comparada com a vida e rezada. A Bíblia não é um livro para se discutir, mas para viver, pois nela está a Palavra do Senhor!

Quando a Palavra finca suas raízes em nossa existência, produz os frutos abundantes do Reino de Deus. Por isso que Jesus convida os Apóstolos para que estejam vinculados a Ele, a sua pessoa, pois Ele é a Palavra do Pai por excelência e fora dele não há nenhuma outra. "Eu sou a videira verdadeira, e meu Pai é o agricultor. Todo ramo que em mim não produz fruto, Ele o corta, e todo ramo que produz fruto, Ele o poda para que produza mais fruto ainda..." (Jo 15,1-8).

Encontramos nas comunidades pessoas de Deus, que dão testemunho de Cristo em suas *palavras, gestos e atitudes*, pois tudo fazem com e por amor. Essas pessoas têm *os olhos, os pensamentos e o coração* carregados da verdade divina e, por isso, fazem a Palavra ouvida e meditada acontecer. Somos o *acontecimento* da Palavra no mundo. *Acontecimento* é uma palavra forte, pois nos dá o dever de realização de tudo o que dizemos, acreditamos e apostamos. Até em nossas conversas amistosas, dizemos em certas ocasiões: "Vou apostar em sua palavra". Isso mesmo, se apostamos na palavra de um ser humano, sujeito a limitações e fraquezas, por que não apostar intensamente na Palavra de Deus, que é a verdade?

> Na atitude orante somos mais capazes de compreender o mistério amoroso de Deus manifestado em sua Palavra bendita e santa!

A Palavra nos dispõe em uma caminhada de fé. E isso fazemos em nosso interior pessoal, com a comunidade e toda a Igreja. Caminhamos como povo, e, onde está a comunidade, está toda a Igreja de Cristo. Mas o lado pessoal, o capricho na leitura e na meditação da Palavra nos fazem compreender mais rapidamente o sentido de ser comunidade e de viver nela.

Devemos, pois, cultivar o bom hábito da leitura, meditação e comparação entre a vida e o que lemos na Sagrada Escritura. A esse modo de *ler, meditar, comparar com a vida e rezar*, chamamos de *Leitura Orante*, o que será tratado adiante.

História da Salvação...

Deus quis precisar de homens e mulheres para que fossem seus fiéis colaboradores na História da Salvação. Esse projeto foi se formando, ao longo dos séculos, até *chegar* à *plenitude dos tempos*, quando o Pai manifestou *na pessoa de Cristo* seu eterno amor salvífico para com toda a humanidade.

Abaixo, temos as datas aproximadas sugeridas pelos exegetas para os principais eventos da História da Salvação:

1800 a.C.	Começa a se formar o povo de Deus com o chamado de Abraão.
1250 a.C.	Moisés recebe as Tábuas da Lei (Mandamentos) no monte Sinai.
1000 a.C.	Escolha de Davi como rei de Israel.
935 a.C.	Divisão de Israel em dois Reinos: Reino do Norte (Samaria) e Reino do Sul (Jerusalém) – surgimento dos Profetas.
586 a.C.	O povo é levado para o exílio da Babilônia, tempo de dura prova. Os profetas atuam.
538 a.C.	Os exilados voltam para sua pátria, a Palestina, onde reconstroem sua pátria e sua história.
Ano 1	Nascimento de Jesus Cristo em Belém.
Ano 33	Tempo da Igreja, do anúncio do Evangelho a partir dos Apóstolos, que viveram com Jesus e fizeram a experiência de sua ressurreição.
100 d.C.	Redação do último livro da Bíblia, o Apocalipse.

Com o nascimento de Jesus, inicia-se o Novo Testamento, pois Cristo é a última e eterna Aliança do amor do Pai a nós manifestado. Esta é uma grandeza incomparável e em nada será superada: A misericórdia do Pai se fez presente para sempre entre nós.

A História da Salvação no Antigo e no Novo Testamento não é projeto diferente, mas forma uma unidade, pois nos dois testamentos (testamento quer dizer herança) está presente o amor infinito de Deus por nós. A história da Bíblia é uma história de amor de Deus para com seu povo, o que chamamos de Aliança. Nessa história Deus se comunica conosco, revelando-nos que é Pai e é apaixonado pelo ser humano. Jesus é o ápice desse amor divino por nós.

> A História da Salvação contida no Antigo e no Novo Testamento é a história do amor de Deus por nós. Jesus é a plenitude, o ápice dessa história, amorosa e apaixonada, de Deus com seu povo!

Grande livro de diálogo...

Deus quis contar com muitos colaboradores para a formulação do texto escrito da Bíblia, embora seja Ele mesmo o autor. Estes escritores foram inspirados por Deus para escrevê-la. Ela nasceu de uma experiência profunda de fé. Os escritores, olhando os fatos e acontecimentos, compreenderam que estes *não eram por acaso*, que havia alguém que estava *tocando nessa história humana*. Esse alguém era Deus. Os sucessivos acontecimentos da salvação divina vão culminar na morte e ressurreição de Jesus.

A Bíblia é o livro do diálogo entre Deus e a humanidade e entre a humanidade e Deus. É o livro de profunda relação entre o humano e o divino. Por isso, só com os olhos da fé é possível compreender os fatos, os relatos e os acontecimentos bíblicos. Deus fez comunhão conosco por meio de sua Palavra, e por meio dela nós rezamos, meditamos e compreendemos nossa história de agora.

> "Nos livros sagrados, o Pai, que está nos céus, vem amorosamente ao encontro de seus filhos, para conversar com eles; e são tão grandes a força e a virtude da Palavra de Deus, que se tornam o apoio vigoroso da Igreja, solidez da fé para os filhos da Igreja, alimento da alma, fonte pura e perene de vida espiritual[1]."

Santo Ambrósio afirmava que "quando lemos os textos sagrados, é Ele que escutamos". Também São Boaventura afirmou que "em quem ama está toda a teologia". E ainda os Santos Padres, nos primeiros séculos da Igreja, diziam sobre a Palavra de Deus: "Quando lês, é Deus que te fala; quando rezas, és tu que lhe respondes". Nossa resposta ao que é de Deus deve ser dócil e comprometida com a vida, especialmente na vida dos que andam excluídos e rejeitados no mundo.

> O texto sagrado é como a semente: está cheio de vida. E quando encontra um bom coração que o acolhe produz muita vida! A vida, como dom, está desde as primeiras até a última página da Bíblia, pois Deus é Vida!

Sendo a Palavra de Deus fonte de vida, por que não produzimos seus frutos? Se há esterilidade na Igreja, na Comunidade e em nossos encontros pastorais ou semelhantes, muito provavelmente seja porque ou somos intelectuais demais, ou temos muita frieza em relação à fé, e provavelmente esteja nos faltando uma espiritualidade mais profunda. É impossível nos aproximar da Palavra, trazê-la para dentro de nossa vida e não produzir frutos. A fé verdadeira produz seus frutos.

---
[1] *Dei Verbum*, 21.

Em nossos dias é mais do que necessário o diálogo com o diferente, com aqueles que têm atitudes diferentes; seja qual for a realidade, o *diálogo* é imprescindível, ou seja, não pode faltar. Deus teve muita paciência com seu povo, que muitas vezes foi infiel, mas Ele permaneceu sempre fiel. Jesus foi fiel ao Pai até o fim, até as suas últimas palavras no alto da cruz. É na fidelidade que dialogamos e assumimos nosso compromisso de cristão.

A Palavra nos conduz...

O líder de Comunidade, e aqui se entende quem está diante de uma incumbência e é o responsável pela Comunidade, por uma pastoral ou celebração, deve ser o primeiro a ouvir o que o Senhor nos fala por meio de sua Palavra. A responsabilidade dentro de uma comunidade não é *cargo de distinção ou privilégio, mas serviço de amor e de misericórdia*. A atitude dentro de uma comunidade deve ser sempre a do acolhimento, a do serviço generoso e fiel. Ninguém jamais pode se considerar "o dono da comunidade". É assim que o Senhor espera que o sejamos.

> Dentro da comunidade sou chamado a ser servidor no amor, a exemplo de Cristo. O Batismo me faz servidor do Reino!

Diante da Palavra do Senhor e do serviço ou responsabilidade que temos dentro da comunidade, a atitude mais adequada e conveniente é a da humildade, da simplicidade e do desejo de servir aos irmãos sem nada esperar em troca.

Essa atitude pode ser chamada de *atitude sacramental*, pois tornamo-nos sinal autêntico da verdade de Cristo. Mesmo diante de nossas limitações e fraquezas, é certo que seremos amados e respeitados por causa do *sinal sacramental* que o humilde e servidor se torna. Jesus Cristo é o ponto de chegada e ao mesmo tempo ponto de partida do cristão e da comunidade. Por isso, toda comunidade deve ser *sacramental, cheia de atitudes sacramentais*, ou seja, plena de sinais do Reino. A Palavra nos faz sacramentais, mas não sacramentalistas simplesmente.

> O cerne da vida do cristão e da comunidade, que se reúne em torno da Palavra, é ser sinal sacramental, sinal transparente do Reino. Por isso é preciso a humildade, a disponibilidade no amor e a oração!

Quando compreendemos o grande sentido da Palavra do Senhor em nossa vida e na vida da comunidade, tudo se torna mais fácil de ser conduzido ou vivido, pois compreendemos o mistério da Aliança do Senhor para com seu povo. A Palavra nos conduz para a união e para a fraternidade e faz da comunidade o lugar do encontro pessoal e comunitário com o Senhor.

Pertença ao Reino...
Conduzir a vida, as atitudes e os pensamentos à luz da Palavra nos faz descobrir, constantemente, o sentido de pertença ao povo de Deus e como somos educados na fé. A Eucaristia ou a Celebração da Palavra nos confirmam como comunidade orante e nos dão a maturidade da fé. O adulto na fé tem o olhar e a atitude sempre a partir do amor servidor e semelhante ao do Cristo. A vida cristã iluminada pela Palavra será sempre transformadora. Não há o que resista à força da Palavra se, de fato, assumirmo-la com verdadeira veneração. Ela não nos tirará a liberdade e ainda nos fará pessoas adultas na fé e na convivência com os irmãos e irmãs.

> A Palavra nos dá o sentido de PERTENÇA ao Reino, EDUCA-nos na verdade divina, torna-nos ORANTES e nos faz viver na verdadeira COMUNHÃO de irmãos! Torna-nos ADULTOS e MADUROS na fé!

Essa é a mistagogia de Deus, ou seja, com sua *Palavra nos introduz no mistério de seu amor*. A Palavra, portanto, não é um projeto ou um empreendimento qualquer, mas é a grande catequese para todo o povo de Deus. Por meio dela, meditando e rezando sua verdade, descobrimos a Aliança eterna de amor, que o Pai realiza conosco em seu Filho Jesus Cristo. Compreendamos, pois, a importância de nossos encontros comunitários em torno da Palavra, de que grandeza nos cercamos e que futuro ela nos aponta. Deus quer nos mostrar seu amor e ganhar nosso coração.

A força da Palavra...

Quando nos reunimos em Comunidade para celebrar nossa vida em uma atitude profunda de fé, devemos ter sempre em conta que fomos convocados pela Palavra. Somos uma família reunida e vivemos o querer de Deus!

Compreendamos um pouco mais o sentido da *força da Palavra do Senhor*, nos pontos que se seguem.

a) A Palavra de Deus nos convoca

No livro do Êxodo, capítulos 19 e 20, encontramos a força da Palavra, que convoca o povo de Deus. O povo escuta o que Deus lhe fala por intermédio de Moisés: é a Aliança do Sinai. Eles estavam dispersos pelas próprias circunstâncias da vida, mas agora estão todos juntos, ouvindo e acolhendo o que o Senhor lhes tinha para falar.

Somos assim: corremos para todos os lados, procuramos resolver nossas preocupações, mas chega o momento em que paramos para ouvir o que o Senhor nos diz. As pessoas de fé *lutam na vida*, mas reservam um tempo para o Senhor. Isso é a grandeza de um povo unido pela Palavra.

Mais sublime ainda, quando reunidos na comunidade, escutamos a Palavra, partilhamos a vida e também o Pão do altar, que é Jesus eucarístico. Neste momento, estamos reunidos na graça do Pai, no amor do Filho e na comunhão do Espírito Santo, seja na Celebração da Eucaristia ou da Palavra. Essa beleza da fé aumenta ainda mais quando dizemos: "Bendito seja Deus, que nos reuniu no amor de Cristo". É Cristo, Palavra viva do Pai, que nos reúne na Comunidade. Fomos convocados pela Palavra viva que é Cristo, e a Palavra do Pai chama-se amor sem-fim.

O Evangelho segundo Marcos, bem em seu início (Mc 1,16-20), fala-nos do chamamento dos doze primeiros discípulos. Eram homens simples, humildes, até mesmo rudes. Mas onde está a superação dessa realidade humana dos doze primeiros? Na grandeza de alma de cada um deles que, ouvindo o chamado de Cristo para uma grande e nobre missão, não hesitaram, mas puseram-se a caminho, seguiram decididamente o Cristo. Largaram tudo, largaram sua segurança, as redes e o barco, e foram atrás de Jesus. O chamado de Cristo não era algo mágico, mas sim carregado de futuro, de sentido, de significação para a vida. O chamado de Cristo abria a vida para o futuro. Nada os atraía, nem mesmo a pesca, as redes, o barco, além do chamado do Senhor.

A Palavra é assim: convocou ontem e nos convoca hoje, para que sejamos, de fato, um povo unido e forte.

b) A Palavra é sinal-presença-realização

Muitas coisas ditas na Escritura aguardam seu tempo e sua hora. Porém o desejo de Deus é que façamos nossa parte, e Ele espera por isso, para que aconteça, de fato, a fraternidade entre todos os povos e nações. Sussurra em nossos ouvidos a profecia de Isaías: "O lobo morará com o cordeiro, o leopardo se deitará com o cabrito. O bezerro, o leãozinho e o gordo novilho andarão juntos e um menino pequeno os guiará... a criança pequena porá a mão na cova da víbora..." (Is 11,6ss).

Outras já se realizaram, como a narrativa da criação, no livro do Gênesis, quando Deus diz: "Faça-se a luz. E a luz foi feita" (Gn 1,3), e todas as profecias que falavam da vinda do Messias, do missionário do Pai, o Deus-conosco.

O Evangelho nos mostra como a força da Palavra vence as argumentações humanas, como aquele dia em que Jesus vai dizer àquele homem que tinha a mão atrofiada: "Levanta-te e vem aqui para o meio!" (Mc 3,3).

A Palavra verdadeiramente se realiza entre nós. Só é preciso ter os olhos abertos para ver e compreender esses acontecimentos.

> A Palavra realiza o que ela diz. Só é preciso estar de olhos e coração abertos em nossos dias, para compreender os feitos do Senhor entre nós!

A História da Salvação é dinâmica, não é algo estático. Ela vai se realizando a cada dia. Assim a Palavra da Escritura torna-se o grande referencial para todo o povo de Deus, para cada comunidade cristã, em seu caminhar com Deus na história da humanidade.

Em nossas celebrações devemos estar firmemente presentes para celebrar com intensidade nossa fé, pois o Senhor nos fala por meio de sua Palavra. É o próprio Cristo que nos fala por meio de seu Evangelho, aliás, não há separação alguma entre Cristo e o Evangelho.

Reunidos em torno do Cristo, Palavra viva do Pai, somos Igreja, somos *sinais sacramentais* do povo convocado pelo Senhor, realizando aqui e agora a História da Salvação.

c) A Palavra proclamada

A Palavra está presente na vida e na morte, na alegria e na tristeza, na festa e na solenidade. Ela tem tudo a ver com a vida inteira dos seres humanos. Presente na celebração da comunidade, ela traz a presença daquele que mais ama: Deus!

A presença da Palavra na celebração torna muito diferente a vida. É o próprio Deus que se comunica conosco, e ela nos dá uma resposta para nossas angústias ou incertezas, é luz que nos guia. Deus reparte conosco seus sentimentos divinos.

Partilhar os sentimentos divinos é celebrar, daí que chamamos legitimamente nossos encontros comunitários de celebração, seja da Palavra ou da Eucaristia. Nesse sentido é grande a responsabilidade da proclamação da Palavra, pois anunciamos aquilo que é de Deus.

Ao proclamar a Palavra, como o fazem os leitores, designados a esse ministério, e a comunidade reunida para ouvir o Senhor, somos animados e motivados pelo ensinamento divino e chamados ao testemunho cristão. O testemunho toca o coração de quem está distante ou de quem ainda não sentiu a grandeza da fé nascida da Palavra. Coloquemo-nos diante da Palavra como pessoas orantes.

d) A Palavra celebrada

Há uma grandeza em poder ouvir a Palavra do Senhor. Ela nos toca interiormente e nos resgata para a vida. Em nossas celebrações, jamais poderá faltar a Palavra de Deus, pois ela é fonte de vida, de inspiração, de meditação e de oração. Sem a Palavra a comunidade ficará como que *um barco à deriva*.

Na Celebração da Eucaristia ou da Palavra, nos domingos, solenidades e festas, temos sempre três trechos da Sagrada Escritura, que chamamos de *leituras*. Elas estão dispostas de modo lógico, coerente e nos ajudam compreender a profunda relação entre a Palavra que ouvimos e a história salvífica de Cristo. Normalmente a primeira leitura está diretamente relacionada com o Evangelho, e a segunda leitura está essencialmente voltada para a vida da comunidade.

> Celebrar a Palavra é ouvi-la e trazê-la para dentro da vida. Deus tem paciência conosco e não se cansa de nos dirigir sua Palavra de amor!

Entre a primeira e segunda leitura há o Salmo, que é nossa resposta à Palavra que ouvimos e nos traz uma grande riqueza, mostrando-nos o jeito de o povo hebreu rezar e reconhecer as maravilhas do Senhor.

Mas o centro da *Liturgia da Palavra* é o *Evangelho*, pois é em Cristo que se realizam todas as promessas do Pai para nossa humanidade. Como é belo saber que o Pai nos amou a tal ponto de nos oferecer seu único Filho.

O Evangelho é Palavra de salvação, de redenção. É o próprio Cristo. Ele e o Evangelho se identificam. Por isso é que ficamos em pé para escutá-lo, pois é o Pai quem nos fala por intermédio de seu Filho Jesus Cristo. É o centro de toda Sagrada Escritura.

A Palavra celebrada nos leva a compreender o mistério de Cristo, nosso Salvador. Hoje se realiza a salvação que Cristo nos trouxe. Nele está a plenitude da vida e nosso futuro. Quem se reúne na comunidade para escutar o Senhor e celebrar a fé em Cristo tem futuro, tem vida, tem a feliz sorte de estar no caminho da salvação.

e) A Palavra contemplada

A contemplação da Palavra de Deus nos faz fortes na fé, pois ela penetra nosso coração e nos faz viver como verdadeiros filhos e filhas de Deus. Ela nos mantém vivos e fortes na esperança.

Contemplar a Palavra é a primeira atitude que devemos ter diante dela. Ouvi-la e imaginar o que o Senhor está nos dizendo, o que Ele quer nos fazer compreender. Corremos o perigo de apenas imaginar *o que a Palavra está dizendo para os outros*, mas em primeiro lugar devemos *nos perguntar o que ela está dizendo para nós*.

É fundamental que, ao meditarmos a Palavra, peçamos a presença do Espírito Santo, luz divina e de amor, para que possamos olhar com profundidade e compreender para viver o que vamos ler, meditar e contemplar com piedade. Deixemos o Espírito de Deus agir em nós.

Contemplar é próprio dos místicos; em nosso tempo, ou somos místicos, ou ficamos completamente longe do Senhor. O mundo nos oferece incontáveis possibilidades, mas nenhuma supera a possibilidade do amor do Senhor por nós e de nossa atenção para com seu amor. Contemplar é descobrir no meio do burburinho de cada dia a presença do Senhor. O místico de hoje sabe entender os sinais dos tempos, pelos quais o Senhor nos fala.

f) A Palavra no coração

Belo foi o dia em que Jesus esteve na sinagoga de Nazaré: ali Ele apresentou o programa do Reino e seu anúncio salvífico. Jesus tomou o texto do profeta Isaías (Is 61,1-3) e proclamou o tempo do Senhor no mundo, a realização das promessas divinas.

> "O Espírito de Deus está sobre mim porque ele me consagrou pela unção para evangelizar os pobres, enviou-me para proclamar a libertação aos presos e aos cegos a recuperação da vista, para restituir a liberdade aos oprimidos e para proclamar um ano de graça do Senhor" (Lc 4,18-19).

Todos ficaram impressionados e seus olhos estavam fitos nele. Ali estava o Messias esperado. Que surpresa!

Será que aqueles ouvintes poderiam ter imaginado quem era o Cristo? Certamente não, e, por isso, ficaram surpresos. E se fossemos nós, como reagiríamos? O tempo é outro, mas a Palavra é a mesma anunciada ontem e hoje, pois é eterna, é salvação.

Guardar no coração é ter a mesma atitude de Nossa Senhora. *Guardar no coração*, para o hebreu, tinha o sentido pleno de vida, ou seja, a Palavra encontrava lugar no coração do ouvinte. Por isso dizer que Nossa Senhora escutava e guardava em seu coração (Lc 2,51) significa que a Palavra ressoava em seu coração.

Antes de tudo, coloquemo-nos em silêncio diante da Palavra do Senhor, com espírito orante e contemplativo. Escutemos o Senhor que nos fala, sem se cansar, de seu amor sem-fim.

2. Leitura Orante da Palavra de Deus

Vossas mãos me modelaram, fizeram-me,
fazei-me sábio e aprenderei a vossa lei!
Vossos fiéis hão de me ver com alegria,
pois nas palavras que dissestes esperei.
(Sl 118,73-74)

A Leitura Orante da Palavra ou *Lectio Divina* é um método de leitura dos textos sagrados muito conhecido e significativo, que nos ajuda a penetrar o mistério de nossa redenção. Quando é bem praticado nos leva ao encontro de Cristo e à comunhão com Ele. Alimentados pela Palavra damos testemunho de Cristo como Senhor do céu e da terra. A Leitura Orante favorece intensamente a espiritualidade cristã, aperfeiçoa a vida espiritual do cristão. Antes de ler um texto bíblico, coloque-se em silêncio, peça a presença do Espírito de Cristo, peça ao Senhor que revele seu amor e depois siga os quatro passos importantes que são:

- Leitura
- Meditação
- Oração
- Contemplação

O encontro com a Palavra, que a Leitura Orante nos favorece, é encontro com o próprio Cristo. No Evangelho temos exemplos vivos desse encontro com Jesus:

- Nicodemos, que tinha grande ânsia sincera pela vida eterna – Jo 3,1-21.
- Samaritana, que desejava prestar culto verdadeiro a Deus – Jo 4,1-12.
- Cego de nascença, que ansiava ver a luz em sua vida – Jo 9.
- Zaqueu e sua sinceridade em mudar de vida – Lc 19,1-10.

Esses exemplos do Evangelho nos mostram o efeito da Palavra do Senhor em nossa vida, pois junto dela alcançamos a misericórdia divina. Encontrar-se com a Palavra é encontrar-se com o próprio Cristo. Ele é fundamento da Palavra e de nossa vida, e para Ele tudo deve convergir. Muitos cristãos usam o método da Leitura Orante e se enriquecem com a Palavra.

Todo líder de comunidade deve aperfeiçoar-se nesse modo de rezar com a Palavra, para que sua ação se fundamente e possa agir com solicitude no serviço à comunidade. Assim nos tornamos verdadeiramente discípulos de Cristo e fundamentamos nossa vida em sua verdade.

Poderemos compreender o método da Leitura Orante no seguinte esquema gráfico:

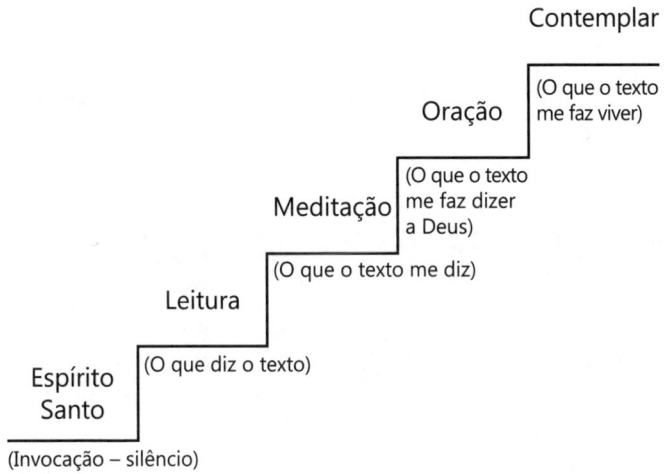

2ª parte

E o Verbo se encarnou

1. Deus vem a nosso encontro

Vossa Palavra é minha herança para sempre,
porque ela é que me alegra o coração!
Acostumei meu coração a obedecer-vos,
e obedecer-vos para sempre, até o fim.
(Sl 118,111-112)

Quando imaginarmos que estamos indo ao encontro de Deus e de seu Filho Jesus, teremos uma surpresa, pois Ele já está junto de nós há muito mais tempo do que imaginamos. Trata-se, pois, de sentir e descobrir sua presença.

a) A presença de Cristo ressuscitado...

O Papa Paulo VI, em sua encíclica *Mysterium fidei*, de 1965, fala das muitas presenças de Cristo em nossa vida: na Comunidade que reza, que pratica obras de misericórdia e de caridade, na Igreja que anuncia a verdade do Reino ao mundo, na comunidade que oferece e agradece na Eucaristia e na celebração dos sacramentos e da Palavra.

É o Espírito Santo que faz acontecer a presença de Cristo nos encontros de fé dentro de uma comunidade, ou naqueles momentos em que nos reunimos para celebrar a vida, agradecer um benefício divino, naqueles momentos em que manifestamos nossa fé, como na Celebração Eucarística ou na Celebração da Palavra: "O Espírito é que dá a vida, a carne não serve para nada. As palavras que vos disse são espírito e vida" (Jo 6,63).

O Espírito de Deus é sua força criadora, transformadora, mas essencialmente é o Espírito que nos dá a vida. Ele é vida divina em nossa vida. Por isso que dizemos que o Espírito Santo é o santificador, pois, se estamos em Deus, só podemos nos santificar.

É o Espírito de Deus que doa a vida. Foi assim no início da criação, no seio de Maria, que trouxe o Salvador do mundo e em Pentecostes. Cristo está entre nós para entrarmos em comunhão com Ele. É a dinâmica de sua Páscoa, guiando-nos na história em marcha para o encontro definitivo com Ele.

> O Espírito Santo é a força criadora e transformadora de Deus, que nos dá a vida. Ele nos santifica, inspira-nos e nos aponta a direção que devemos seguir! Ele é a presença amorosa e misericordiosa de Cristo!

b) Precisamos nos despertar...

O que celebramos na fé leva-nos a nos incorporar ao Cristo, ou seja, também devemos nos ofertar, oferecer-nos ao Cristo como Ele se oferece a nós. Cristo é sempre uma "presença oferecida". Jesus é verdadeiramente uma escola de amor, de entrega, de misericórdia. Só podemos aprender dele. Nele está a vida em plenitude.

Cristo é acontecimento e presença sacramental no Pão eucarístico, no Pão da Palavra, nos gestos de amor e de misericórdia. Quando nos reunimos em comunidade, e nela ouvimos o que nos diz o Senhor, devemos estar atentos a sua mensagem de amor e de libertação. Por isso não pode haver divisão em uma comunidade, pois junto dele só é possível a comunhão.

> Jesus é verdadeiramente uma escola de amor, de entrega, de misericórdia. Feliz quem reconhece sua presença na comunidade, na Palavra, na vida e no coração dos humildes e dos simples!

Em que sentido precisamos nos despertar? Precisamos despertar-nos para a *presença pascal de Cristo*! Quando tomamos o texto sagrado, a Palavra de Deus, ela nos conduz para o ponto mais alto de nossa salvação, que é o Cristo ressuscitado. A Igreja nos ensina que a comunidade é sinal do mistério pascal e instrumento de redenção, pois a comunidade é *sacramento* do Reino. A presença real de Cristo se dá em cada de nós, mas a comunidade é *sinal insubstituível da presença de Cristo entre nós*. Daí a importância de se reunir em comunidade, seja nos momentos celebrativos, seja em outros momentos significativos.

Despertar-nos para a presença real de Cristo em nós e em nossa comunidade é descobrir sua presença amorosa, libertadora e santificadora entre nós.

2. Convocados pela Palavra

> *No Senhor nós esperamos confiantes,*
> *porque ele é nosso auxílio e proteção!*
> *Por isso nosso coração se alegra nele,*
> *seu santo nome é nossa única esperança.*
> *(Sl 32,20-21)*

Muito ouvimos falar e participamos de celebrações na comunidade. Quando estamos juntos na mesma fé, formamos a *assembleia* do Senhor. Fomos convocados por Deus, pela sua Palavra, e nos reunimos na mesma fé para celebrar. Não há celebração se não houver a fé.

Nós nos reunimos...

Reunidos na mesma fé é estar unido na pessoa de Jesus. Tornamo-nos uma só família, somos parentes uns dos outros, pois Cristo é nosso Irmão. Saímos de nossas casas, deixamos nossos afazeres e viemos para a celebração. Estávamos dispersos e agora a Palavra nos reuniu, deixamos nossos afazeres, saímos da rotina e viemos para o mesmo lugar e na mesma fé. É uma atitude bonita, espetacular. A fé cria vínculo entre nós, vínculo de amizade, de parentesco, de relação fraterna e amorosa.

Além dos elementos já apresentados o que é que nos faz estar juntos? Primeiro, porque não há preconceitos e discriminação e, segundo, porque compreendemos que juntos há mais alegria: a alegria da partilha, da fé, da escuta da Palavra e do mesmo amor ao Deus da vida, que é Jesus, nosso Redentor.

> A comunidade reunida se enche de alegria, porque a vida no amor de Deus é a festa da partilha, da alegria em saber que Deus nos ama com um amor que não tem fim!

Os cristãos que estavam dispersos se alegravam intensamente em poder se encontrar com os irmãos. É a mesma alegria que há em nossas comunidades: as pessoas conversam, contam os fatos, sorriem... e depois celebram juntas. Como é bom estar reunidos na Palavra do Senhor!

Eis alguns trechos da Palavra de Deus que nos mostram a grandeza da reunião na comunidade:

> Comentavam os judeus entre si: "Para onde irá, que não poderemos encontrá-lo? Irá talvez procurar os dispersos entre os gentios e irá ensinar os gentios?" (Jo 7,35).
> E não só pela nação, mas também para reunir na unidade os filhos de Deus, que andavam dispersos (Jo 11,52).
> Tiago, servo de Deus e do Senhor Jesus Cristo, às doze tribos da dispersão: Saudações (Tg 1,1).
> Pedro, apóstolo de Jesus Cristo, aos estrangeiros da dispersão: do Ponto, da Galácia, da Capadócia, da Ásia e da Bitínea, escolhidos segundo a presciência de Deus... (1Pd 1,4).

As primeiras comunidades cristãs, principalmente no primeiro século, usavam como manual de orientações a *Didaqué*, ou seja, a *Instrução dos Doze Apóstolos*. *Didaqué* é um escrito do primeiro século, um pequeno catecismo cristão, e significa *doutrina*. São dezesseis capítulos, que possuem grande valor histórico e teológico. Era leitura obrigatória para aqueles que se preparavam para receber o batismo, chamados de *catecúmenos*. Nesse pequeno catecismo, encontramos a insistência na necessidade *dos crist*ãos se reunirem, assim como faziam os primeiros discípulos:

> Naqueles dias, levantou-se Pedro no meio dos irmãos – estavam lá reunidas umas cento e vinte pessoas... (At 1,15).
> Todos os que creram estavam juntos e tinham tudo em comum. Louvavam a Deus e gozavam da estima de todo o povo. E cada dia o Senhor ia ajuntando à comunidade os que seriam salvos (At 2,44.47).

São João Crisóstomo tem uma bela maneira de expressar este sentido da assembleia reunida: "'*Onde dois ou mais estiverem reunidos em meu nome, ali estarei'*. A maior prova de que a celebração é festa é a presença de Cristo no meio dos fiéis reunidos[2]".

---

[2] São João Crisóstomo, Sermão quinto sobre Ana I.

É muito nobre a atitude de se reunir, de ser parte integrante de uma assembleia que se reúne para ouvir a Palavra e celebrar a fé em Cristo Jesus.

> Podemos experimentar a gratuidade do amor de Deus por nós, unindo-nos com os irmãos e irmãs, em um mesmo ato de fé! A Palavra que nos convocou como povo também nos sustenta e nos orienta em nossa vida de Igreja e de comunhão fraterna!

Somos a Igreja

Desde o dia em que Abraão prostrou-se humildemente diante do Senhor "com o rosto por terra" *(Gn 17,3)* e ouviu Deus lhe dizer: "Eis a minha aliança contigo: tu serás pai de uma multidão de nações" (Gn 17,4), a Aliança de amor entre o céu e a terra estabeleceu-se para sempre. O Senhor completa dizendo a Abraão: "Guarda minha aliança, tu e tua descendência para sempre" (Gn 17,9).

Essa Aliança de Deus com seu povo alcança seu ápice na pessoa de Jesus, o Verbo eterno do Pai encarnado entre nós. Ele é a Palavra viva e presente. Como pessoas de fé, reconhecemos que Jesus é o Filho de Deus que se encarnou entre nós e nos revelou a plenitude do amor do Pai e nossa salvação.

> Deus fez a nova e eterna Aliança com seu povo, por intermédio de seu Filho Jesus Cristo.

Para compreender o imenso e profundo sentido de sermos Igreja, olhemos para o chamamento dos primeiros discípulos, que encontramos em Marcos 1,16-20. Jesus formou com eles a primeira comunidade e foi educando os discípulos na verdade do Reino. Esse chamamento dos Doze primeiros completa-se no momento da ascensão de Jesus ao céu, quando o Cristo faz o envio dos discípulos em missão: "De Deus recebi todo o poder no céu e na terra. Portanto, ide e ensinai a todas as nações, batizando-as em nome do Pai e do Filho e do Espírito Santo e ensinando-as a observar tudo o que vos ordenei. E eu estou convosco todos os dias, até o fim do mundo". O envio de Jesus realiza-se plenamente no dia de Pentecostes, quando a Igreja começou a cumprir o mandato de Jesus que chega até nossos dias.

> Os Apóstolos testemunharam a fé com a própria vida e anunciaram com vigor a verdade de Cristo. Somos hoje os continuadores da verdade de Cristo e da herança da fé, que recebemos dos Apóstolos.

Nossa fé cristã tem fundamento intransponível e insubstituível e está solidificada na rocha que é Cristo. Ser Igreja de Jesus é assumir o anúncio, o testemunho, o serviço e o diálogo com o mundo. Desse modo tornamos presente o Reino.

Quando nos reunimos em comunidade para a celebração ou em qualquer outra circunstância, somos sinais visíveis da Igreja de Cristo, e, por isso, deve haver, sem repulsa alguma, a unidade e a fraternidade.

Existem muitos documentos importantes da Igreja que nos ajudam e nos orientam em nossa caminhada de Igreja, como o *Documento de Aparecida*, fruto da 5ª Conferência Geral do Episcopado latino-americano e do Caribe. É um belo documento que todo líder de comunidade necessita conhecer. Ele nos ajuda muito no trabalho comunitário e de Igreja. É de uma riqueza indispensável. Também é indispensável acolher e encaminhar tantas outras orientações que recebemos do papa Francisco, homem de Deus, e por Ele colocado para ser o Pastor por excelência, o Vigário de Cristo na terra, aquele que verdadeiramente ocupa a cátedra de Pedro.

Sejamos, pois, uma Igreja viva, participativa e comprometida com a verdade de Cristo em nosso tempo e em nossa história.

Somos a Igreja reunida...

Se somos Igreja, o ato de se reunir não é um ato particular. Jesus nos lembra de que é preciso estarem reunidas duas ou mais pessoas, para que Ele esteja no meio delas (Mt 18,20). Quando nos reunimos na comunidade, a Igreja inteira está ali presente e reunida. Pertencemos a um *corpo*, que é a Igreja. Esse sentido precisa estar claro para nós, pois, nas mais distantes partes do mundo, onde houver pessoas reunidas na fé, lá estarão o Cristo presente e a Igreja inteira. Isso se fundamenta no Evangelho e também em um documento da Igreja chamado *Sacrosanctum Concilium*, que diz no número 26:

> "As ações litúrgicas não são ações privadas, mas celebrações da Igreja, que é o 'sacramento da unidade', isto é, o povo santo, unido e ordenado sob a direção dos Bispos. Por isso, estas celebrações pertencem a todo o Corpo da Igreja e o manifestam e afetam; mas atingem a cada um dos membros de modo diferente, conforme a diversidade de ordens, ofícios e da participação atual" (SC 26).

> Reunidos em Cristo, convocados pela sua Palavra, celebramos na fraternidade o mistério salvífico de Cristo e somos sua Igreja!

Há sinais claros da Igreja reunida em Cristo. Há elementos indispensáveis que confirmam o ser Igreja. Os principais são os seguintes:

a) Igreja Apostólica

Recebemos dos Apóstolos a herança da fé. A vocação da Igreja é *apostólica*, pois os Apóstolos cumpriram o mandato de Cristo: "Ide pelo mundo inteiro e anunciai o evangelho" (Mt 28,19-20).

Outro documento da Igreja, chamado *Lumen Gentium*, dá-nos o belo sentido de Igreja e de união na comunidade: "...Nestas comunidades, embora muitas vezes pequenas e pobres, ou dispersas, está presente Cristo, por cujo poder se unifica a Igreja una, santa, católica e apostólica..." (LG 26). Esta é uma verdade muito bonita mesmo, pois mostra-nos que o rosto de cada irmão ou irmã que reza é sinal do rosto de Cristo presente no meio de nós, da assembleia reunida.

b) Igreja Católica

A palavra *católica* significa que a Igreja está presente no mundo inteiro. A Igreja é para todos os povos e nações. Por isso a vocação da Igreja é para a *universalidade*.

Ela pertence a todos os povos e nações, e nela se destaca a condição indispensável e insubstituível, que é a *fé*. Ouvindo a Palavra, alimentamos nossa fé e nos reunimos em comunidade, como Igreja. Somos trazidos todos para perto uns dos outros: "Vós, que outrora estáveis longe, fostes trazidos para perto, graças ao sangue de Cristo..." (Ef 2,11-14).

Portanto, ser católico é pertencer à Igreja de Cristo presente em todos os povos e nações. Nela somos todos irmãos e irmãs, independente de raça, cor ou nação, pois todos fomos reunidos em uma só pessoa, que é Jesus Cristo.

c) Igreja Reconciliada

A vocação da Igreja é para a *unidade*. Assim nos diz o evangelista Mateus: "Se, portanto, fores levar tua oferta e aí te lembrares de que teu irmão tem alguma coisa contra ti, vai primeiro reconciliar-te com teu irmão" (Mt 5,23-25).

Se vivemos na fé, reunidos na mesma pessoa de Cristo, como poderá haver divisão entre nós? A divisão é oposição ao próprio modo de viver que afirmamos e queremos viver. São

João Crisóstomo deixou uma frase bastante pertinente no sentido da reconciliação. Assim ele diz: "A Igreja foi feita não para separar aqueles a quem reúne, mas para unir e juntar os que se acham separados. É isso que a assembleia significa".

A festa para a qual nos reunimos não pode ser de gente separada, desunida, magoada. Na Igreja nos reunimos para celebrar o mistério da fé, mistério pascal de Jesus. E isto só é mesmo possível quando estamos reconciliados. A *unidade* dos cristãos é possível por meio da reconciliação.

d) Igreja ativa e dinâmica

A atividade e a dinamização da Igreja são para a *santidade*. O encontro na comunidade é participativo e jamais poderá deixar de sê-lo, pois é o Espírito Santo que dinamiza o encontro com a Palavra e entre os irmãos. O mesmo Espírito de Cristo nos desperta para a fé. Também nos impulsiona para a santidade.

Ser uma Igreja dinâmica e ativa é estar aberto para a ação do Espírito Santo em cada um de nós, na comunidade e na Igreja inteira. É Ele quem dinamiza a Igreja.

e) Igreja-comunhão

A vocação da Igreja é para a *comunhão*. Essa palavra significa *comum-união*. A presença do Espírito Santo nos une em um só Corpo, faz da assembleia reunida uma só unidade. O que se realiza em uma celebração (cânticos, orações, Palavra ouvida e meditada, a própria construção da igreja, com suas obras de arte ou seus adornos) simplesmente nos ajuda na manifestação da fé. O fundamental é a união ou a *comum-união* presente na comunidade, nos encontros celebrativos. Por isso, é muito belo quando dizemos: "Ele está no meio de nós!" Os dons, que foram concedidos por Deus às pessoas, são para edificar a comunidade no amor de Cristo. Nenhum dom é para privilégio pessoal. O que é de Deus é para a edificação do Corpo de Cristo, a Igreja.

Na primeira carta de São Paulo aos Coríntios, nos capítulos 11 a 14, compreendemos intensamente o que significa ser Igreja-comunhão. É o Espírito divino que *dinamiza, une* e *gera* a *comunhão* entre todos. Por isso, *divisão, desunião, discórdia* são manifestações contrárias de uma Igreja chamada para a santidade e para a comunhão. O Espírito é unidade e Ele catalisa a comunicação de amor entre todos e de Deus com seu povo. Não se é, em uma assembleia convocada pelo Senhor, uma *massa anônima*, mas um povo reunido verdadeiramente no amor de seu Senhor.

Há muitos outros aspectos e dimensões que poderiam ser tratados, mas já é possível, a partir dos pontos acima, percebermos os reflexos e o sentido de ser Igreja, da santidade e da vida de união, que devem existir em uma Comunidade cristã.

3ª parte

Celebrar a Palavra

1. Cuidar do ambiente celebrativo

> *Dai graças ao Senhor ao som da harpa,*
> *na lira de dez cordas celebrai-o!*
> *Cantai para o Senhor um canto novo,*
> *com arte sustentai a louvação!*
> *(Sl 32,2-3)*

Em uma Celebração da Palavra – como também em qualquer outra celebração –, devem estar conjugados três momentos importantes: o *antes*, o *durante* e o *depois*.

a) Antes

Antes de iniciar a celebração é preciso criar um ambiente adequado para que ela se inicie. É necessário ajudar a comunidade a se compenetrar para realizar bem o ato litúrgico. É preciso acolher bem as pessoas presentes, mas também provocar o silêncio, com algum cântico meditativo que anteceda a celebração.

Os responsáveis pela celebração deverão ser os "primeiros a dar o bom exemplo", com atitudes que correspondam adequadamente ao ministério. Os ruídos criam desconexão com o bem-estar celebrativo.

Todos os que vão participar diretamente da celebração deverão ter conhecimento de tudo o que irá *acontecer*, como também a função que irá exercer.

b) Durante

Esse é o momento em que transcorre a celebração. Ele precisa estar carregado de espírito oracional, de mística, de compenetração em tudo o que se realiza. É o momento em que se escuta a Palavra, medita-a, para respondermos ao Senhor, que se comunica conosco com seu amor. Por isso é bom lembrar que aqueles que têm uma função ministerial específica devem saber exatamente o que vão realizar, para que esse momento transcorra sem percalços. Não é nada agradável o povo perceber que a equipe celebrativa está desatenta, desentrosada, dispersa ou confusa. Além de dificultar o ritmo celebrativo, faz com que se perca o espírito oracional.

c) Depois

Tudo o que realizamos em comunidade levamos pela vida afora. Quando dizemos "graças a Deus", isto significa que a experiência de fé que realizamos deve ser levada conosco, e nos afazeres da vida cantar suas maravilhas. Nesse momento está o compromisso missionário, o testemunho de nossa fé e a atenção para com a caridade, pois tudo deve nos levar "para dentro" do amor de Deus. Somente nele nos realizamos plenamente. Saímos, pois, fortalecidos na esperança e na graça de Deus.

O que realizamos em comunidade é muito nobre, é de Deus, é da fé, e a consciência deste ato nos tirará a rotina que não nos deixa perceber sua grandeza. Na celebração cristã manifestamos a feliz esperança de ver um dia o Reino de Deus realizado entre nós; e as pessoas de fé têm o dever de testemunhá-lo.

> Toda função ministerial está profundamente ligada ao Batismo recebido, que nos inseriu em uma Igreja-comunidade e nos chamou à comunhão e à mesma missão de Jesus. Portanto todo ministério dentro de uma comunidade não é nenhum favor que fazemos, mas responsabilidade que nasce da fé recebida no Batismo e que devemos agora proclamá-la no serviço aos irmãos! Assim, buscar privilégio, destaque, distinção é divorciar-se da fé autêntica e batismal!

2. Cuidados na Celebração da Palavra

Mostrai-me, ó Senhor, vossos caminhos,
e fazei-me conhecer vossa estrada!
Vossa verdade me oriente e me conduza,
porque sois o Deus da minha salvação;
em vós espero, ó Senhor, todos os dias!
(Sl 24,4-5)

Toda celebração é a *realização de um ato de fé*. A assembleia reunida é celebrante. Todos participam e devem participar. A comunidade reunida deve ser respeitada, por isso devem ser banidas duas atitudes: a do *rigorismo* e a do *laxismo*. Essas duas atitudes em nada favorecem a celebração, que se realiza na fé, pois tudo deve ser realizado com equilíbrio e dedicação.

O rigorismo ou legalismo impedem a criatividade sadia, útil e motivadora. A preocupação excessiva com normas e regras não nos deixa perceber a grandeza do ministério que celebramos. O rigor "torna-se o senhor" e desconsidera-se a presença dos filhos e filhas de Deus. Essa atitude deve ser banida de nossos encontros celebrativos.

O laxismo ou liberalismo são a mesma coisa. Se o rigorismo não deixa acontecer a criatividade sadia, o *laxismo* tudo permite e suplanta o que é essencial. Caímos no invencionismo inútil. Não ajuda nem favorece a celebração e ainda nos distancia da profundidade do mistério que celebramos.

> O rigorismo e o laxismo são dois extremos que devem ser evitados. O melhor caminho a seguir em uma celebração litúrgica é o do equilíbrio celebrativo, respeitando a assembleia reunida e tornando-a participante ativa. O caminho da comunhão é o melhor caminho a ser percorrido!

A ordenação das funções e dos ministérios dentro da celebração é necessária, para nos ajudar a celebrar com dignidade a Palavra e o mistério salvífico de Cristo. Assim nos orienta a Igreja:

> "O grande motivo para mudar palavras, gestos, sinais e ritos não é o gosto das pessoas celebrantes ou a moda em voga em determinados momentos, mas a maior participação no culto a Deus integrado em nossa vida atual. A adaptação litúrgica se faz com critérios: é para tornar os sinais mais transparentes à mentalidade e cultura do povo; é para conseguir aquela participação consciente e ativa que nos põe em comunhão com a Igreja local e universal; é para ressaltar melhor o conteúdo fundamental de nossa Liturgia, que é celebração da fé no mistério de Cristo, ponto culminante do projeto de Deus[3]".

Dentro da celebração tudo deve se dispor de modo ordenado e equilibrado. Por isso, sem rigorismos e sem

---
[3] Animação da vida litúrgica no Brasil, doc. 43, CNBB, 167-168.

laxismos, compreendamos os pontos a seguir, que nos esclarecem e nos ajudam a penetrar no espírito celebrativo.

a) Sacristia

Essa palavra significa: "Lugar sagrado". Além dos objetos religiosos usados na celebração, os quais ali ficam guardados, também é lugar de encontro, principalmente de quem tem seu ministério próprio na celebração.

Nela já se inicia a liturgia. Por isso deve manter um clima favorável e oracional. Não é lugar de conversas desnecessárias, apenas as que se fazem necessárias para o bem da celebração. Também não é lugar de permanência, ou seja, uma vez que fiz o que ali havia por fazer, devo ficar em um lugar à parte e já me compenetrar no espírito celebrativo. O silêncio é necessário, pois nos faz pensar e rezar. Também nos faz tomar consciência de que somos *servidores* e não *privilegiados* da Igreja de Cristo.

Portanto a sacristia, que é lugar sagrado e paralitúrgico, deve ser um ambiente de compenetração e de comunhão, pois ali antecede a celebração do mistério de Cristo, revelado em sua Palavra.

> A Sacristia é lugar sagrado e paralitúrgico. É ali que se inicia a celebração. Por isso seu ambiente deve ser de silêncio, de comunhão e de fraternidade. Não é lugar para conversas nem de permanência desnecessárias.

b) Em torno do altar

Os participantes diretos da celebração devem se colocar de maneira sóbria e digna em torno do altar. O povo se alegra e valoriza o que é feito com dignidade, simplicidade e respeito. Todos devem estar conscientes do ato que se realiza e de sua função dentro dele. Dirigente, leitores, músicos... formam o corpo celebrativo e têm a responsabilidade de ajudar a comunidade a celebrar com intensidade sua fé.

c) Presbitério

O presbitério é o lugar da igreja reservado para a celebração, onde se encontra o altar. É o lugar da presidência da Eucaristia e da Celebração da Palavra.

Ali não é lugar para destaque, distinção ou privilégio. É lugar de serviço. É o lugar da celebração, onde se realiza o serviço litúrgico. Ele nos convida para a vida de comunhão e de união, como afirma o livro dos Atos dos Apóstolos: "Eles eram perseverantes em ouvir o ensinamento dos apóstolos, na comunhão fraterna, na fração do pão e nas orações... Todos os que abraçavam a fé viviam unidos e possuíam tudo em comum..." (At 2,42-44).

> O presbitério é lugar do serviço prestado ao povo de Deus, onde se realiza a ação litúrgica. É lugar de comunhão e não de distinção!

d) Mesa da Palavra

Cada igreja ou capela deve ter a *Mesa da Palavra*, pois ela é parte essencial dentro da liturgia. Ela deve estar no presbitério, ocupando um lugar de destaque.

Se for colocada sobre ela alguma toalha, esta deve estar de acordo com a cor litúrgica própria do Tempo Litúrgico ou da memória, festividade ou solenidade que se celebra: *verde, branca, vermelha, roxa ou rósea*. As cores querem ajudar-nos a viver o sentido do tempo litúrgico.

O livro de leituras, chamado *lecionário*, permanece sobre a Mesa da Palavra e não no altar. Também na Celebração da Palavra, as leituras, o Salmo e o Evangelho devem ser lidos no lecionário, que é o livro que contém a Palavra de Deus na liturgia.

As *Preces dos fiéis ou da comunidade*, também chamada de *Oração Universal*, devem ser feitas na Mesa da Palavra, pois elas são parte integrante da *Liturgia da Palavra*. É o momento da Palavra orante, e a comunidade, com humildade, suplica ao Senhor, Deus da Vida.

> A *Mesa da Palavra* deve ocupar um lugar de destaque no presbitério, pois dela se comunica à comunidade reunida o que Deus nos fala. Ela é o lugar da comunicação de Deus para com seu povo!

e) Círio Pascal

O Círio Pascal é abençoado na vigília pascal no Sábado Santo. Ele deve permanecer no presbitério, do lado direito, durante todo o Tempo Pascal, como também quando se celebra o sacramento do Batismo, principalmente. Simboliza a luz de Cristo, sua ressurreição, que brilhou no mundo. Depois do Tempo Pascal não deve permanecer mais no presbitério.

Seu simbolismo é muito forte, pois nos mostra a luz da ressurreição de Cristo, que brilhou nas trevas do mundo. A vida de Cristo ressurgida venceu a morte para sempre. A comunidade reunida no Cristo ressuscitado tem força de ressurreição, força que vence a morte e faz triunfar a vida.

> O Círio Pascal simboliza a luz de Cristo, que brilhou no mundo, e que a vida venceu a morte. Essa luz divina dissipa a treva do pecado e faz triunfar a vida!

f) Estante

A estante é um objeto de uso do *animador* da liturgia. Dela o animador dirige suas monições à assembleia, ajudando-a a participar da celebração. Ela não deve estar no presbitério, mas ao nível do povo. Sua função é simplesmente para que se tenha um lugar que dê apoio ao animador, que poderá colocar sobre ela o que for preciso para a celebração.

É dela também que o coordenador da comunidade deverá anunciar os comunicados necessários à comunidade. Além disso não há outra função para ela dentro da celebração.

> A estante é para uso do animador da liturgia e não deve ficar no presbitério, mas ao nível do povo!

Julgando que os pontos acima são essenciais na celebração, não se tratará de outros objetos litúrgicos, que poderão ser conhecidos conforme o desejo de cada um. Todos os símbolos-sinais dentro de uma celebração têm a função de nos ajudar a penetrar o mistério da presença de Cristo na comunidade reunida.

3. Sentido ministerial na celebração

> *Vós me ensinais vosso caminho para a vida;*
> *junto a vós, felicidade sem limites,*
> *delícia eterna e alegria a vosso lado!*
> *(Sl 15,11)*

Os ministérios dentro da celebração são importantes, e aqueles que os exercem devem estar conscientes de sua função. Jamais deve haver acúmulo ministerial, ou seja, uma pessoa exercendo mais de um ministério. É preciso fazer bem o que se tem por fazer.

Os ministérios dentro da celebração podem ser: *animador, dirigente, leitores, ministro da Palavra, ministro extraordinário da Sagrada Comunhão, ministério da música* e outros. Cada um tem sua função específica.

O cerne da Celebração da Palavra é a Palavra de Deus. A Celebração deve favorecer para que a Palavra alcance o coração humano. Por isso deve-se prepará-la bem, conhecendo antecipadamente a Palavra que será anunciada para que possa, principalmente, ser vivida por quem vai exercer o ministério. Seja qual for o ministério, deve-se estar atento ao seguinte:

- Deus: você está a serviço de Deus, anunciando sua Palavra no meio de seu povo. Ele é que deve ocupar o primeiro lugar em sua vida. Você presta um serviço por causa dele e em nome dele.
- A Palavra é a verdade de Deus para mim: antes de dizer que ela é a verdade para os outros, tenho de admitir que ela é a verdade para mim. Por isso, a medida com que eu acolho essa Palavra será a medida com que os outros a acolherão.
- Convencer a si mesmo: as pessoas de bem gostam e se alegram em transmitir o bem. Eu aceito a Palavra e a acolho, porque sei que é um bem. E, porque é um bem, quero transmiti-la aos outros também.
- Viver o ministério com coragem: o medo não pode ter lugar em nós. A Palavra de Deus não permite medos. Ela gera confiança e faz nascer a esperança. Portanto confiança e esperança é o que devemos ter no ministério.
- O amor: ele é condição indispensável, pois ele é uma linguagem universal. Todos compreendem.

A vida cristã exige humildade, testemunho, empenho, dedicação, simplicidade, generosidade... Portanto há uma responsabilidade maior para quem assume este ou aquele ministério.

Mas há ainda quatro pontos fundamentais no exercício ministerial que nos fortalecem:

a) Diálogo

Jesus, o Bom Pastor, quer comunicar sua vida. Jesus se oferece em sua Palavra para que tenhamos vida. O Evangelho é o grande diálogo de Jesus conosco, alimenta-nos na esperança e no amor de uns para com os outros. Uma disposição indispensável é o diálogo em nosso mundo plural. São João Crisóstomo nos diz assim: "No mais humilde encontramos o próprio Jesus... Querem em verdade honrar o corpo de Cristo? Não consintam que esteja nu. Não o honrem no templo com mantos de seda enquanto fora o deixam passar frio e nudez[4]". Dialogar significa compreender a verdade de Cristo hoje e tomar suas mesmas atitudes.

b) Serviço

Jesus se aproximou das pessoas e colocou-se a serviço da vida. Aproximou-se do cego no caminho (Mc 10,46-52), da samaritana (Jo 4,7-26), dos enfermos (Mt 11,2-6), do povo faminto (Mc 6,30-44), dos endemoninhados (Mc 5,1-20). Em seu Reino, Jesus inclui a todos:

- Come e bebe com os pecadores – Mc 2,16.
- Pouco se importa que o chamem de comilão e de beberrão – Mt 11,19.
- Toca nos leprosos – Lc 5,13.
- Deixa que uma prostituta derrame perfume em seus pés – Lc 7,36-50.
- Recebe Nicodemos à noite – Jo 3,1-15.
- Convida os discípulos à reconciliação – Mt 5,24.
- Declara amor aos inimigos – Mt 5,44.
- Opta pelos mais pobres – Lc 14,15-24.

Desse modo, o serviço do anúncio da Palavra deve ajudar o ouvinte a descobrir o jeito de Jesus e, inspirando-

---

[4] Homilias sobre São Mateus.

-se nele, assemelhar-se a suas mesmas atitudes. O jeito de Jesus deve ser o jeito do cristão.

c) Testemunho

O Papa Bento XVI fez a seguinte afirmação na inauguração de seu pontificado: "Não tenham medo de Cristo! Ele não tira nada e dá tudo". Dos que vivem em Cristo se espera um testemunho muito crível de santidade e compromisso. Desejando e procurando essa santidade não vivemos menos e, sim, melhor, pois, se Deus nos pede mais, está nos oferecendo muito mais. Dentro da Comunidade, os que se põem a serviço dela não podem se esquecer de que o ministério há de ser *testemunho* da fé, da caridade, do encontro, do diálogo... Se Deus nos chama, não é para a distinção, mas para o *serviço e o testemunho*.

d) Anúncio

O que somos chamados a testemunhar? O Evangelho de Jesus! Nada mais do que o Evangelho. Tudo o que é feito dentro da comunidade deve partir sempre da pessoa de Cristo, portanto, do Evangelho. Se ando por outro caminho, talvez esteja escondido em mim o desejo de distinção. Se estou agindo em nome de Cristo, Ele é o ponto central e fundante de minha ação e do *anúncio*. Por isso, o anúncio de Jesus nos chama à *conversão* e nos faz participar do triunfo do Ressuscitado. O anúncio acrescenta vida se minha vida for doação: "Proclamem que está chegando o Reino do céu!" (Mt 10,7). A oferta do Reino é vida para todos. Anunciar o Evangelho é anunciar o Reino.

O *diálogo, o testemunho, o serviço e o anúncio* são as colunas que sustentam toda ação missionária semelhante à de Jesus. Por isso, dentro de uma comunidade, que se reúne para celebrar sua fé e na qual cada membro tem seu ministério, é preciso existir essas quatro dimensões muito presentes. Certamente que, por esse caminho, edificamos muito mais do que com muitas palavras humanas.

4. O bom exercício do ministério

> *Eu levanto meus olhos para os montes:*
> *De onde pode vir meu socorro?*
> *Do Senhor é que me vem meu socorro,*
> *do Senhor que fez o céu e fez a terra!*
> *(Sl 120,1-2)*

A comunidade reunida no Senhor é *verdadeiro sacramento* do Reino. Juntos, na mesma fé, a assembleia reunida se alegra na união, reza, medita e se rejubila com o Senhor, que lhe dirige sua Palavra.

Há um documento da Igreja muito importante que nos diz:

> "O Povo de Deus, sobretudo na assembleia litúrgica, expressa-se como um povo sacerdotal e organizado, no qual a diversidade de ministérios e serviços concorrem para o enriquecimento de todos. Sua unidade e harmonia são um serviço do ministério da presidência. Convocada por Deus, a assembleia litúrgica, expressão sacramental da Igreja, unida a Jesus Cristo, é o sujeito da celebração. O Povo de Deus convocado para o culto é o mesmo povo que trabalha, faz festa, sofre, espera e luta na história. Por isso nossas assembleias são diversificadas. É mister abrir espaços de esperança à manifestação das ricas expressões religiosas das comunidades, dos grupos étnicos e das grandes massas empobrecidas. Porque não é possível celebrar um ato litúrgico alheio ao contexto da vida real do povo, em sua dimensão pascal[5]".

O ministério exercido dentro da celebração merece, pois, todo o cuidado necessário por *respeito ao ato que se celebra, ao povo reunido em nome de Cristo e para a edificação de todos.*

---
[5] Animação da vida litúrgica no Brasil, doc. 43, CNBB, n. 54-55.

Quem estiver com a responsabilidade de exercer a função de *leitor* dentro da celebração deve preparar-se devidamente. Quem coordena a celebração e tem a função de distribuir os serviços não pode dar a incumbência momentos antes da celebração. Tudo deve ser previsto com antecedência para que a pessoa possa se preparar devidamente. A função ministerial é coisa séria dentro da comunidade e, por isso, deve ser cuidada com atenção, sem rigorismos, mas com responsabilidade.

Eis, pois, alguns pontos que julgamos importantes no ato celebrativo:

a) Ler antes

É necessária uma preparação que antecede a celebração. Vai-se proclamar o que é de Deus, e Ele merece amor e respeito, como também seu povo.

A preparação antecipada do texto a ser proclamado nos fará perceber as palavras mais difíceis, seu sentido e como pronunciá-las. Por exemplo: *Antioquia* ou *Antióquia*? Claro que se diz *Antioquia* e não *Antióquia*! Se eu tenho dúvida e não a esclareço, levo-a comigo para a celebração, e isso não é nada bom. O esclarecimento da dúvida ajudará a dar ênfase no sentido que o texto sagrado está nos dando.

Mas um quesito fundamental aqui é o de *comunicar a Palavra de Deus de um modo muito vivo*. Devemos aprender a admirar a força da Palavra, comunicá-la com fervor, reconhecendo sua implicância em nossa vida e o quanto somos amados e respeitados por Deus. Ele nos fala, e isso é sinal vivo de seu amor.

Toda *leitura* dentro da celebração deve ser feita diretamente do *lecionário*. Se a comunidade não o tem, será bom procurar adquiri-lo.

b) Compenetrar-se

Compenetrar-se é *deixar-se convencer*. É deixar-se tomar pela ação divina, deixar que Deus fale por meio de nós. O silêncio antes de iniciar a celebração é muito importante, pois tomamos consciência do ato que vamos realizar. O silêncio favorece minha concentração e acalma meu interior, faz-me focar nas coisas de Deus. A invocação do Espírito de Deus, para que Ele aja em nós, não só é importante como necessária. Às vezes, as conversas desnecessárias antes de se iniciar a celebração prejudicam a concentração. O povo percebe isso e não aprova essa atitude. De fato, o povo tem sua razão.

c) Pronunciar bem as palavras

Na proclamação da Palavra de Deus não cabe ficar "enfeitando". É preciso pronunciar bem as palavras para que seja do alcance e do entendimento do povo. Anuncie a Palavra com espírito profundo de fé e faça isso com muita naturalidade.

As palavras devem ser bem pronunciadas e respeitadas sua pontuação:

- Não "comer" os "s".
- Respeitar o ponto e vírgula (;) e a vírgula (,).
- Respeitar as exclamações (!) e as interrogações (?).
- O mesmo vale para os dois pontos (:).
- Respeitar o tempo do verbo, bem como o plural ou o singular. Nossos ouvidos reclamam quando o verbo está no plural e é pronunciado no singular.

Tais cuidados são necessários e importantes, pois cada texto tem sua *cadência*. Poderíamos ainda citar cada *gênero literário* do texto bíblico, mas isso pode ser visto em outro momento. O fundamental aqui é que não se faça a leitura de qualquer modo. É muito importante que aqueles que exercem a função de leitor na celebração estejam conscientes de sua responsabilidade.

d) Hora da liturgia da Palavra

Esse é o momento em que se faz explicitamente a *proclamação da Palavra do Senhor*. O leitor dirige-se à mesa da Palavra e a proclama. Deve caminhar decididamente, pois vai ao encontro de um tesouro insondável. A Palavra é o tesouro que todos têm o direito de ouvir. O leitor, ao colocar-se diante do texto sagrado, está diante desse tesouro, que é de toda a humanidade. É preciso anunciar a Palavra com o profundo fervor da fé.

A Igreja nos diz assim:

> "A experiência nos mostra que celebrar a Palavra de Deus não é fácil. Apesar de nosso povo gostar da Bíblia, muitas vezes a Liturgia da Palavra aparece como uma sucessão enfadonha de leituras e comentários enfileirados um após o outro; em consequência, cai-se facilmente no discurso catequético, moralizador, doutrinal, ideológico. Além disso é difícil deixar claro que a Palavra de Deus é antes de tudo um Eu que se dirige ao Tu de seu povo reunido dialogicamente; e, mais ainda, que neste diálogo a Palavra é, efetivamente, Palavra eficaz do Deus libertador, que cria vida nova[6]".

e) Citar apenas a fonte

Ao se proclamar a Palavra, é desnecessário dizer "Primeira Leitura" ou "Segunda Leitura". Diga imediatamente a fonte, como nestes exemplos: *Leitura da Segunda Carta de São Paulo aos Coríntios; Leitura da Primeira Carta de São João; Leitura do Livro do Profeta Isaías...*

Também não é necessário dizer a citação bíblica, pois nem sempre é fácil guardá-la. O mais importante é a *fonte*, ou seja, de qual livro da Bíblia é o texto que será proclamado.

f) Respiração

Eis um dado muito importante para a boa proclamação da Palavra de Deus e para ajudar na fluência do texto e no respeito aos sinais gramaticais (ponto, vírgula, exclamação...). A falta de respiração correta acaba por atropelar frases e pensamentos.

---

[6] Animação da vida litúrgica no Brasil, doc. 43, CNBB, n. 263-264.

É preciso postar-se com tranquilidade diante do povo e do livro de leituras, para que a respiração flua normalmente. O nervosismo atrapalha. Procure aprender a respirar bem, com um pouco de técnica, e aí tudo irá bem. Não deixe de fazer tudo com muito amor, com respeito ao que é de Deus.

g) Saber usar o microfone

O microfone é um instrumento necessário. É um recurso para que a Palavra chegue clara e perfeita ao ouvido e ao coração do fiel participante da celebração. É preciso aprender a usar bem esse recurso de comunicação, para que assim haja melhor proveito de todos.

Há pessoas experientes, que sabem lidar com esse recurso. Por isso peça ajuda a elas. A causa é nobre, por isso vale empreendermos os esforços necessários, pessoal e técnico.

h) O ministério da música

A celebração é um todo que precisa ser respeitado. Há funções diferentes, mas a causa é única: *Bendizer o Senhor e ouvir sua Palavra*. Portanto não há função melhor ou pior, maior ou menor.

O cântico é importante dentro da celebração, mas ele deve estar de acordo com a liturgia que se celebra. Não é o *gosto do ministério de m*úsica que determina, mas a liturgia que se realiza. Por isso a máxima que deve reinar nessa função ministerial é: *cantar a Liturgia e não cantar na Liturgia*!

Façamos da Palavra nossa fonte de vida e empreendamos o esforço necessário para que ela produza seus frutos em nós e em nossa comunidade.

4ª parte

Propostas para a Celebração da Palavra

1. Momentos orantes

*Que Deus nos dê sua graça e sua bênção,
e sua face resplandeça sobre nós!
Que na terra se conheçam seu caminho e
sua salvação por entre os povos
(Sl 66,2-3)*

No intuito de ajudar a comunidade, os líderes, os animadores de celebrações e aqueles que se dispõem com sinceridade no trabalho do Reino, trazemos estas propostas de roteiros para a Celebração da Palavra. Foi pensando no trabalho pastoral de muitas comunidades que preparamos uma série de orações e celebrações para os momentos significativos.

Ofereceremos ainda *formulários* para *Celebração da Palavra*, para ajudar os ministros da celebração. Também elencamos algumas *orações* que poderão ser rezadas pessoalmente ou em comunidade, fortalecendo a mística e a espiritualidade cristã.

2. Roteiros para a "Celebração da Palavra"

(Encontram-se no Doc. 52 da CNBB, que trata da "Celebração da Palavra". Esses roteiros foram colhidos das comunidades.)

ROTEIRO A

Ritos iniciais:
- Acolhida
- Breve comentário
- Canto e Procissão de Entrada
- Momento Penitencial
- Oração (intenções da Comunidade)

Liturgia da Palavra:
- Leituras Bíblicas
- Salmo Responsorial e Aclamação
- Homilia
- Profissão de Fé

Momento do louvor:
- Orações da Comunidade (oração dos fiéis)
- Hino de Louvor, canto
- Oração em forma de Ladainha
- Oração do Pai-Nosso
- Ritos de Comunhão (onde for possível)

Ritos finais:
- Oração Final
- Avisos
- Canto Final
- Bênção Final

ROTEIRO B

Ritos iniciais: Deus nos reúne
- Canto de entrada
- Procissão de entrada com símbolos
- Motivação
- Súplica de Perdão
- Hino de Glória (nos dias festivos)
- Oração Inicial

Liturgia da Palavra: Deus nos fala
- Acolhida da Bíblia
- 1ª Leitura
- Salmo Responsorial
- Aclamação ao Evangelho
- Proclamação do Evangelho
- Partilha da Palavra
- Profissão de Fé

Momento do louvor: Deus nos faz irmãos
- Preces da Comunidade
- Momento de Ação de Graças
- Canto de Louvação
- Pai-Nosso
- Abraço da Paz

Ritos finais: Deus nos envia
- Oração Final
- Notícias e avisos
- Canto Final
- Bênção Final

ROTEIRO C

Ritos iniciais: vamos começar
- Canto de Acolhida
- Procissão de entrada (Cruz, Velas, Bíblia)
- Comentário e saudação
- Hino de Louvor e Oração

Liturgia da Palavra: vamos ouvir e acolher a Palavra
- 1ª Leitura
- Aclamação ao Evangelho
- Proclamação do Evangelho
- Partilha da Palavra
- Profissão de Fé

Vamos louvar e agradecer
- Orações da Comunidade
- A comunidade oferece dons (coleta do dízimo)

Ritos da comunhão: vamos participar da Comunhão
- Ritos Finais
- Oração Final
- Avisos
- Canto Final

ROTEIRO D

(Roteiro da "Celebração da Palavra" do periódico "Deus Conosco", da Editora Santuário. Ele traz em seu roteiro a intensa participação do dirigente, dos leitores e da assembleia com suas respostas em cada parte da celebração.)

A Palavra nos convoca – Reunidos em nome de Jesus
- Cântico Inicial
- Saudação
- A Palavra nos reconcilia
- Louvação

Liturgia da Palavra – Ouvir e acolher
- Primeira Leitura
- Resposta à Palavra
- Segunda Leitura
- Aclamação ao Evangelho
- Evangelho
- Meditando a Palavra
- A Palavra nos leva à Fé
- A Palavra nos leva a rezar
- A comunidade oferece seus dons
- Cântico dos Dons
- Louvor à Palavra

A Palavra nos leva à Comunhão
- Oração do Pai-Nosso
- Oração da Paz
- Comunhão
- Cântico da Comunhão
- Oração de Agradecimento

A Palavra nos envia à missão
- Bênção e Despedida

3. Visita aos enfermos e comunhão deles

É momento importante e significativo em que o Ministro da Distribuição da *Sagrada Comunhão* aproxima-se do enfermo e de sua família. Com a devida delicadeza e respeito, o ministro faz a celebração que se segue com forte espírito oracional e de caridade: *"Eu estive doente e me visitastes"*, diz Jesus. São propostos 2 modelos celebrativos, à escolha do ministro.

ROTEIRO A

(Sobre uma mesinha ou outro lugar conveniente coloque: uma toalha limpa, uma vela, uma flor... para que o Ministro coloque aí o Santíssimo Sacramento. Jesus merece nosso amor!)

– Em nome do Pai † e do Filho e do Espírito Santo.
– **Amém!**
– A paz, que vem do Senhor, esteja nesta casa.
– **E com todos os que nela moram!**

Momento Penitencial
– Peçamos perdão ao Senhor, de nossos pecados, para que, purificados em sua misericórdia, celebremos com dignidade este momento.
– Tende compaixão de nós, Senhor.
– **Porque somos pecadores!**
– Manifestai, Senhor, vossa misericórdia.
– **E dai-nos vossa salvação!**
– O Senhor, Deus da vida e da paz, perdoe nossas ofensas e nos dê a paz.
– **Amém!**

Oração: Manifestai, Senhor nosso Deus, vossa bondade para com este(a) nosso(a) irmão(ã) **N.**, concedendo-lhe a graça da saúde e da paz, para que vos sirva com alegria e generosidade e a todos edifique com seu testemunho de fé. Por Cristo, nosso Senhor.

Palavra de Deus
(Faz-se a proclamação do Evangelho do dia ou escolhe-se dentre estas: Jo 6,54-59; Jo 14,6; Jo 14,27; Jo 15,4-5; 1Cor 11,26.)

Pai-Nosso
– Depois de ouvirmos a Palavra de vida e de salvação, rezemos com muita confiança a oração que o Senhor nos ensinou: **Pai Nosso...**
– Somos felizes, porque podemos participar da Ceia do Senhor! Eis o Cordeiro de Deus que tira o pecado do mundo.
– **Senhor, eu não sou digno(a) de que entreis em minha morada, mas dizei uma palavra e serei salvo(a).**
(O Ministro apresenta o Santíssimo Sacramento e diz:)
– O Corpo de Cristo!
(Se for oportuno, faz-se um instante de silêncio, após a comunhão.)

Oração: Ó Deus, que este alimento sagrado fortifique e conserve na paz este(a) nosso(a) irmão(ã) **N.**, e fazei que persevere na sinceridade de vosso amor e de vossa misericórdia. Por Cristo, nosso Senhor.
– **Amém!**

Invocação da Bênção
– Deus Pai nos abençoe.
– **Amém!**
– Deus Filho nos conceda a saúde e a paz.
– **Amém!**
– Deus Espírito Santo nos ilumine.
– **Amém!**
– **Em nome do Pai † e do Filho e do Espírito Santo! Amém!**
– Permaneçamos firmes na fé e na paz do Senhor.
– **Amém!**

ROTEIRO B

(Prepare o ambiente: uma mesinha com toalha limpa, uma flor, uma vela. O Ministro coloca o Santíssimo Sacramento sobre a mesa e inicia a celebração.)

– Em nome do Pai † e do Filho e do Espírito Santo.
– **Amém!**
– A graça de nosso Senhor Jesus Cristo, o amor do Pai, e a comunhão do Espírito Santo estejam convosco.
– **Bendito seja Deus, que nos reúne no amor de seu Filho Jesus Cristo!**
– A paz, que vem do Senhor, esteja nesta casa.
– **E com todos os que nela moram!**

Momento Penitencial
– Peçamos perdão ao Senhor, para que sejamos animados e fortificados em sua misericórdia.
– Senhor, tende piedade de nós.
– **Senhor, tende piedade de nós!**
– Cristo, tende piedade de nós.
– **Cristo, tende piedade de nós!**
– Senhor, tende piedade de nós.
– **Senhor, tende piedade de nós!**

Oração: Ó Deus, que realizastes a obra da redenção no mistério pascal de vosso Filho, fazei-nos sentir a graça de vosso amor e de vossa misericórdia, dando-nos a saúde e a paz. Por Cristo, nosso Senhor.

Palavra de Deus
(Faz-se a proclamação do Evangelho do dia ou escolhe-se dentre estas: Jo 6,54-59; Jo 14,6; Jo 14,27; Jo 15,4-5; 1Cor 11,26.)

Pai-Nosso
– Confiamos no Deus que é Pai, por isso rezemos unidos a oração que o Senhor nos ensinou: **Pai Nosso...**
– Eis o Filho de Deus, nosso Redentor, Pão da vida eterna! Eis o Cordeiro de Deus que tira o pecado do mundo.
– **Senhor, eu não sou digno(a) de que entreis em minha morada, mas dizei uma palavra e serei salvo(a).**

(O Ministro apresenta o Santíssimo Sacramento e diz:)
– O Corpo de Cristo!
(Se for oportuno, faz-se um instante de silêncio, após a comunhão.)

Oração: Senhor Deus e Pai, fazei-nos viver de tal modo unidos em Cristo, que tenhamos a alegria de produzir muitos frutos para a salvação do mundo. Vós, que viveis e reinais para sempre.
– Amém!

Invocação da Bênção
– Derramai, Senhor Deus, sobre nós aqui reunidos vossa bênção e vossa paz e conservai-nos na saúde do corpo e da alma.
– Em nome do Pai † e do Filho e do Espírito Santo! Amém!
– Permaneçamos firmes na fé e na paz do Senhor.
– Amém!

4. Celebração das Exéquias

A Celebração das Exéquias pode ser celebrada pelos ministros leigos. Esse ministério também é chamado de "Pastoral da Esperança". É momento de consolo e de conforto aos familiares que se despedem de seu ente querido. É significativo que se celebre a certeza da ressurreição em Cristo, de sua misericórdia. Por isso o ministro deve estar atento ao sentido central de nossa fé, que é a ressurreição de Cristo, e não simplesmente na morte. É momento de dor, mas fundamentalmente momento de esperança de vida em Jesus, nosso Redentor. Faça, pois, com muito amor essa celebração. São propostos dois modelos, à escolha do ministro.

ROTEIRO A

– Em nome do Pai † do Filho e do Espírito Santo.
– Amém.
– Nós nos reunimos neste momento por causa de nossa fé na ressurreição de Jesus. Estamos reunidos para rezar por **N.**, que terminou sua caminhada na terra. Com nossas preces suplicamos ao Senhor sua misericórdia por este(a) nosso(a) irmão(ã). Que o Senhor venha em seu auxílio e lhe conceda a paz eterna.

Rezemos com fé e esperança o **Salmo 22**:
– O Senhor é meu Pastor, nada me falta!
– O Senhor é meu Pastor, nada me falta!
– Ele me leva até águas tranquilas e refaz as minhas forças: pelos bons caminhos me conduz, por amor de seu nome. Ainda que eu passe pelo vale da morte, nenhum mal temerei, porque estais comigo: vosso bordão e vosso cajado me dão segurança.
– Preparais a mesa para mim na presença do inimigo; sobre minha cabeça derramais perfume, minha taça me enche de alegria. Graça e ventura me seguirão todos os dias da minha vida; e habitarei na casa do Senhor enquanto durarem os meus dias.

Oração: Ouvi, ó Pai, as nossas preces: sede misericordioso para com o vosso servo (a vossa serva) **N.**, que chamastes deste mundo. Concedei-lhe a luz e a paz no convívio de vossos santos e de vossas santas. Por Cristo, nosso Senhor.

Palavra de Deus
Jo 11,21-27/ Jo 12,23-26
(Se oportuno, faz-se uma pequena reflexão.)

Preces dos Fiéis
– Rezemos, com toda a Igreja, por este nosso irmão (por esta nossa irmã), para que alcance a bondade e a misericórdia do Pai.

1. Vós, que chorastes sobre Lázaro, enxugai nossas lágrimas.
– Nós vos pedimos, Senhor.
2. Vós, que ressuscitastes os mortos, dai a vida eterna a este nosso irmão (esta nossa irmã).
3. Vós, que prometestes o paraíso ao bom ladrão arrependido, recebei no céu este nosso irmão (esta nossa irmã).
4. Fortalecei, pela consolação da fé e pela esperança na vida eterna, a família entristecida e que receba também o apoio da comunidade cristã.

(Outras intenções)

– Acolhei, Senhor, nosso Deus, as preces que vos fizemos e, em vossa misericórdia, ajudai-nos a viver conforme vossa vontade. Por Cristo, nosso Senhor.

Encomendação
Deus chamou para si nosso irmão (nossa irmã) **N.**, e nós entregamos seu corpo à terra de onde veio. Mas Cristo, que ressurgiu dos mortos, transformá-lo-á em um corpo como o seu, glorificado. Recomendamos, pois, conforme nossa fé cristã, este nosso irmão (esta nossa irmã), para que Ele o (a) receba em sua paz e lhe conceda a ressurreição do corpo no último dia.

(Momento de silêncio para que as pessoas façam no coração sua oração.)

– Rezemos juntos a oração de Jesus: **Pai nosso, que estais nos céus...**
(Neste momento o corpo pode ser aspergido com água benta.)

Oração: Recebei, ó Pai, nosso irmão (nossa irmã), que tanto amastes nesta vida. Em vossa misericórdia, concedei-lhe o perdão de suas faltas, e alcance hoje o repouso eterno, onde não há mais dor, mas a paz e a alegria para sempre. Por Cristo, nosso Senhor.

– Dai-lhe, Senhor, a felicidade eterna!
– **E brilhe para ele (ela) vossa luz!**
– **Salve, Rainha,** Mãe de misericórdia...

ROTEIRO B

– Em nome do Pai † do Filho e do Espírito Santo.
– **Amém.**
– Nós nos reunimos neste momento por causa de nossa fé na ressurreição de Jesus. Estamos reunidos para rezar por **N.**, que terminou sua caminhada na terra. Com nossas preces suplicamos ao Senhor sua misericórdia por este(a) nosso(a) irmão(ã). Que o Senhor venha em seu auxílio e lhe conceda a paz eterna.

Rezemos com fé e esperança o **Salmo 22**:
– O Senhor é meu Pastor, nada me falta!
– **O Senhor é meu Pastor, nada me falta!**
– Ele me leva até águas tranquilas e refaz as minhas forças: pelos bons caminhos me conduz, por amor de seu nome. Ainda que eu passe pelo vale da morte, nenhum mal temerei, porque estais comigo: vosso bordão e vosso cajado me dão segurança.
– Preparais a mesa para mim na presença do inimigo; sobre minha cabeça derramais perfume, minha taça me enche de alegria. Graça e ventura me seguirão todos os dias da minha vida; e habitarei na casa do Senhor enquanto durarem os meus dias.

Oração: Ouvi, ó Pai, nossas preces: sede misericordioso para com vosso servo (vossa serva) **N.**, que chamastes deste mundo. Concedei-lhe a luz e a paz no convívio de vossos santos e santas. Por Cristo, nosso Senhor.

Palavra de Deus
Jo 11,21-27/ Jo 12,23-26
(Se oportuno, faz-se uma pequena reflexão.)

Preces dos Fiéis
– Rezemos, com toda a Igreja, por este nosso irmão (por esta nossa irmã), para que alcance a bondade e a misericórdia do Pai.

1. Vós, que chorastes sobre Lázaro, enxugai nossas lágrimas.
– **Nós vos pedimos, Senhor.**
2. Vós, que ressuscitastes os mortos, dai a vida eterna a este nosso irmão (esta nossa irmã).
3. Vós, que prometestes o paraíso ao bom ladrão arrependido, recebei no céu este nosso irmão (esta nossa irmã).
4. Fortalecei, pela consolação da fé e pela esperança na vida eterna, a família entristecida e que receba também o apoio da comunidade cristã.

(Outras intenções)

– Acolhei, Senhor, nosso Deus, as preces que vos fizemos e, em vossa misericórdia, ajudai-nos a viver conforme vossa vontade. Por Cristo, nosso Senhor.

Encomendação
Deus chamou para si nosso irmão (nossa irmã) **N.**, e nós entregamos seu corpo à terra de onde veio. Mas Cristo, que ressurgiu dos mortos, transformá-lo-á em um corpo como o seu, glorificado. Recomendamos, pois, conforme nossa fé cristã, este nosso irmão (esta nossa irmã), para que Ele o (a) receba em sua paz e lhe conceda a ressurreição do corpo no último dia.

(Momento de silêncio para que as pessoas façam no coração sua oração.)

– Rezemos juntos a oração de Jesus: **Pai nosso, que estais nos céus...**
(Neste momento o corpo pode ser aspergido com água benta.)

Oração: Recebei, ó Pai, nosso irmão (nossa irmã), que tanto amastes nesta vida. Em vossa misericórdia, concedei-lhe o perdão de suas faltas, e alcance hoje o repouso eterno, onde não há mais dor, mas a paz e a alegria para sempre. Por Cristo, nosso Senhor.

– Dai-lhe, Senhor, a felicidade eterna!
– **E brilhe para ele (ela) vossa luz!**
– **Salve, Rainha,** Mãe de misericórdia...

5. Orações diversas

Oração da Manhã
Em nome do Pai † e do Filho e do Espírito Santo. Amém. **Senhor Deus, nosso Pai, nós cremos em vós.** Nós esperamos em vós. **Nós vos amamos.** Nós vos agradecemos mais este dia que começa. **Nós vos damos graças, porque estamos com vida, e nós vos oferecemos este dia com todas as nossas alegrias e sofrimentos, com todos os nossos trabalhos e divertimentos.** Guardai-nos do pecado e fazei de nós um instrumento de vossa paz e de vosso amor. **Ajudai-nos a observar vossos mandamentos. Amém.**
(Reze três Ave-Marias a Nossa Senhora, com a jaculatória:)
– Ó Maria, concebida sem pecado, **rogai por nós que recorremos a vós!**

Saudação Angélica
– O anjo do Senhor anunciou a Maria.
– E ela concebeu do Espírito Santo. Ave, Maria...
– Eis aqui a serva do Senhor.
– Faça-se em mim segundo a vossa palavra. Ave, Maria...
– E o Verbo se fez carne.
– E habitou entre nós. Ave, Maria...
– Rogai por nós, Santa Mãe de Deus.
– Para que sejamos dignos das promessas de Cristo.
Oremos: Infundi, Senhor, nós vos rogamos, a vossa graça em nossos corações, para que nós, que conhecemos pela anunciação do anjo a encarnação de Jesus Cristo, vosso Filho, por sua paixão e morte na Cruz, cheguemos à glória da ressurreição. Pelo mesmo Cristo, nosso Senhor. Amém.

Oração ao Anjo da Guarda: Santo Anjo do Senhor, meu zeloso guardador, já que a ti me confiou a piedade divina, sempre me rege, guarda, governa e ilumina. Amém.

Ato de Fé: Ó meu Deus, creio em vós, porque sois a Verdade eterna. Creio em tudo o que a Santa Igreja me ensina. Aumentai minha fé!

Ato de Esperança: Ó meu Deus, espero em vós, porque, sendo infinitamente poderoso e misericordioso, sois sempre fiel em vossas Promessas. Fortificai minha esperança!

Ato de Amor: Ó meu Deus, eu vos amo de todo o meu coração, porque sois infinitamente bom e amável. Por vosso amor, amo também meu próximo. Inflamai meu amor!

Ato de Contrição: Senhor, eu me arrependo sinceramente do mal que pratiquei e do bem que deixei de fazer. Reconheço que ofendi a vós, meu Deus e Senhor, e prejudiquei meu próximo. Prometo, ajudado pela vossa graça, não mais pecar e reparar o mal que pratiquei. Pela paixão e morte de Jesus, tende piedade de mim e perdoai-me. Amém.

Salve, Rainha: Salve, Rainha, Mãe de misericórdia, vida, doçura e esperança nossa, salve! A vós bradamos, os degredados filhos de Eva; a vós suspiramos, gemendo e chorando neste vale de lágrimas. Eia, pois, Advogada nossa, esses vossos olhos misericordiosos a nós volvei e depois deste desterro mostrai-nos Jesus, bendito fruto do vosso ventre, ó clemente, ó piedosa, ó doce Virgem Maria! Rogai por nós, Santa Mãe de Deus, para que sejamos dignos das Promessas de Cristo. Amém.

Oração ao Espírito Santo: Vinde, Espírito Santo, enchei os corações dos vossos fiéis e acendei neles o fogo do vosso amor. Enviai o vosso Espírito e tudo será criado. E renovareis a face da terra.
Oremos: Deus, que instruístes os corações dos vossos fiéis com a luz do Espírito Santo, fazei que apreciemos retamente todas as coisas segundo o mesmo Espírito e gozemos sempre da sua consolação. Por Cristo, Senhor nosso. Amém.

Oração de Agradecimento *(Pe. Bernhard Häring, C.Ss.R.)*
Nós vos agradecemos, Senhor, nossos pais, que nos consideraram dons vossos.

O olhar deles para conosco, crianças, era um reflexo do vosso olhar, e o sorriso em seus rostos era a primeira revelação de vossa bondade.

Nós vos agradecemos, Senhor, porque, desde pequenos, aprendemos, em nossa família, a invocar vosso nome, a sentir-vos vivo no meio de nós, a louvar-vos na alegria, a vos suplicar na necessidade e a agradecer-vos pela prece atendida.

Nós vos agradecemos, Senhor, por todos os que, juntamente conosco, têm os olhos voltados para vós e elevam aos céus mãos puras, desejando somente a vós, como única recompensa da vida e do trabalho.

Nós vos pedimos, Senhor, que nosso olhar humano seja sempre, para nossos irmãos e irmãs, um reflexo de vosso bondoso olhar.

Mergulhai-nos naquele hino de amor, que, entoando aqui na terra as primeiras notas, produza lentamente os acordes que irão explodir depois como eterna *sinfonia* nos céus, para onde desde já elevamos confiantes nosso olhar. Amém.

Copiosa Redenção
– Ó bendita encarnação – **Deus amor, Deus perdão!**
– Ó bendita salvação – **Deus amor, Deus perdão!**
– Ó copiosa redenção – **Deus amor, Deus perdão!**
– Ó bendita misericórdia – **Deus amor, Deus perdão!**
– Ó bendito Santo e Santificador entre nós – **Deus amor, Deus perdão!**
– Jesus Cristo, Deus amor, Deus perdão! – **Fazei-nos verdadeiros irmãos e irmãs vossos, e seja nosso coração sublime, pleno de bondade e de misericórdia, de caridade e de perdão!**
– Nós vos saudamos, Pão angélico, Pão do céu, Pão da eternidade – **nós vos adoramos neste sacramento!**
– Salve, Jesus, Filho de Maria – **na hóstia santa, sois o Deus verdadeiro! Amém!**

Oração Vocacional
Senhor, pelo Batismo, vós nos chamastes à santidade e à cooperação generosa na salvação do mundo. Na Messe, que é tão grande, auxiliai-nos a corresponder **a nossa Missão de membros do Povo de Deus**. Qualquer que seja o chamado, que cada um de nós seja **verdadeira-**

mente outro Cristo no mundo. Ó Senhor, por intercessão de Maria, **Mãe da Igreja**, concedei-nos o dom misericordioso **de muitas e santas vocações sacerdotais**, religiosas e missionárias **de que a Igreja necessita. Amém**.

Oração Vocacional

Jesus, mestre divino, **que chamastes os Apóstolos a vos seguirem**, continuai a passar pelas nossas famílias, **pelas nossas escolas** e continuai a repetir o convite **a muitos de nossos jovens**. Dai coragem às pessoas convidadas. Dai força para que vos sejam fiéis **como apóstolos leigos**, como diáconos, **padres e bispos**, como religiosos e religiosas, **como missionários e missionárias**, para o bem do povo de Deus **e de toda a humanidade. Amém** *(Papa Paulo VI)*.

Oração de São Francisco
Senhor, fazei-me instrumento de vossa paz.
Onde houver ódio, **que eu leve o amor.**
Onde houver ofensa, **que eu leve o perdão.**
Onde houver discórdia, **que eu leve a união.**
Onde houver dúvida, **que eu leve a fé.**
Onde houver erro, **que eu leve a verdade.**
Onde houver desespero, **que eu leve a esperança.**
Onde houver tristeza, **que eu leve a alegria.**
Onde houver trevas, **que eu leve a luz.**
Ó Mestre, fazei que eu procure mais **consolar que ser consolado;** compreender que ser compreendido; **amar que ser amado.**
Pois é dando que se recebe;
é perdoando que se é perdoado e, morrendo,
que se vive para a vida eterna! Amém!

Alma de Cristo (1)
Alma de Cristo, **dá-me o dom de tua santidade!** Corpo de Cristo, **traze-me a salvação!** Sangue de Cristo,

inebria-me de ti! Água do lado de Cristo, **lava minhas culpas!** Paixão de Cristo, **fortalece minha fraqueza!** Ó bom Jesus, **ouve minha prece!** Dentro de tuas chagas, **dá-me refúgio!** Que eu não seja jamais **separado de ti!** Do maligno que me assalta, **defende-me!** Na hora da morte, **chama-me para que eu vá a ti, para cantar eternamente teus louvores! Amém!**

Alma de Cristo (2)

Alma de Cristo, **santificai-me**. Corpo de Cristo, **salvai-me**. Sangue de Cristo, **inebriai-me**. Água do lado de Cristo, **lavai-me**. Paixão de Cristo, **confortai-me**. Ó bom Jesus, **ouvi-me**. Dentro de vossas chagas, **escondei-me**. Não permitais **que me separe de vós**. Do espírito maligno, **defendei-me**.

Na hora da minha morte, **chamai-me e mandai-me ir para vós, para que vos louve com os vossos Santos, por todos os séculos. Amém.**

Cântico Evangélico (Benedictus)

Bendito seja o Senhor Deus de Israel, porque a seu povo visitou e libertou e fez surgir um poderoso Salvador na casa de Davi, seu servidor, como falara pela boca de seus santos, os profetas, desde os tempos mais antigos, para salvar-nos do poder dos inimigos e da mão de todos quantos nos odeiam.

Assim mostrou misericórdia a nossos pais, recordando sua santa Aliança e o juramento a Abraão, o nosso pai, de conceder-nos que, libertos do inimigo, a ele nós sirvamos sem temor em santidade e em justiça diante dele, enquanto perdurarem nossos dias. Serás profeta do Altíssimo, ó menino, pois irás andando à frente do Senhor para aplainar e preparar seus caminhos, anunciando a seu povo a salvação, que está na remissão de seus pecados, pela bondade e compaixão de nosso Deus, que sobre nós fará brilhar o Sol nascente, lá do alto como luz resplandecente para iluminar a quantos jazem entre as trevas, e na sombra da morte estão sentados, e para dirigir os nossos passos, guiando-os no caminho da paz.

– Glória ao Pai e ao Filho e ao Espírito Santo. Como era no princípio, agora e sempre. Amém.

Magnificat – Cântico de Maria

A minha alma engrandece ao Senhor e se alegrou o meu espírito em Deus, meu Salvador, pois ele viu a pequenez de sua serva, desde agora as gerações hão de chamar-me de bendita.

O Poderoso fez por mim maravilhas e Santo é o seu nome! Seu amor, de geração em geração, chega a todos que o respeitam; demonstrou o poder de seu braço, dispersou os orgulhosos; derrubou os poderosos de seus tronos e os humildes exaltou; saciou de bens os famintos e despediu, sem nada, os ricos.

Acolheu Israel, seu servidor, fiel ao seu amor, como havia prometido aos nossos pais, em favor de Abraão e de seus filhos, para sempre.

– Glória ao Pai e ao Filho e ao Espírito Santo. Como era no princípio, agora e sempre. Amém.

Oração de Santo Tomás de Aquino

Ó Deus eterno e todo-poderoso, eis que me aproximo do sacramento do vosso Filho único, nosso Senhor Jesus Cristo.

Impuro, venho à fonte da misericórdia; cego, à luz da eterna claridade; pobre e indigente, ao Senhor do céu e da terra.

Imploro, pois, a abundância de vossa imensa liberalidade para que vos digneis curar minha fraqueza, lavar minhas manchas, iluminar minha cegueira, enriquecer minha pobreza e vestir minha nudez.

Que eu receba o pão dos Anjos, o Rei dos reis e o Senhor dos senhores, com o respeito e a humildade, com a contrição e a devoção, a pureza e a fé, o propósito e a intenção que convêm à salvação de minha alma.

Dai-me receber não só o sacramento do Corpo e do Sangue do Senhor, mas também seu efeito e sua força.

Ó Deus de mansidão, dai-me acolher com tais disposições o Corpo que vosso Filho único, nosso Senhor Jesus Cristo, recebeu da Virgem Maria, que seja incorporado a seu corpo místico e contado entre seus membros.

Ó Pai cheio de amor, fazei que, recebendo agora o vosso Filho sob o véu do sacramento, possa na eternidade contemplá-lo face a face. Ele, que convosco vive e reina para sempre. Amém.

Oração a Nossa Senhora

Ó Mãe de bondade e misericórdia, Santa Virgem Maria, eu, pobre e indigno pecador, a vós recorro com todo o afeto do meu coração, implorando a vossa piedade.

Assim como estivestes de pé junto à cruz do vosso Filho, também vos digneis assistir-me, não só a mim, pobre pecador, como a todos os sacerdotes que hoje celebram a Eucaristia em toda a Santa Igreja. Auxiliados por vós, possamos oferecer ao Deus uno e trino a vítima do seu agrado. Amém.

Oferecimento de si mesmo

Recebei, Senhor, minha liberdade inteira.

Recebei minha memória, minha inteligência e toda a minha vontade.

Tudo que tenho ou possuo de vós me veio; tudo vos devolvo e entrego sem reserva, para que a vossa vontade tudo governe. Dai-me somente vosso amor e vossa graça e nada mais vos peço, pois já serei bastante rico.

Oração a Jesus Crucificado

Eis-me aqui, ó bom e dulcíssimo Jesus! De joelhos me prostro em vossa presença e vos suplico com todo o fervor de minha alma que vos digneis gravar no meu coração os mais vivos sentimentos de fé, esperança e caridade, verdadeiro arrependimento de meus pecados e firme propósito de emenda, enquanto vou considerando, com vivo afeto e dor, as vossas cinco chagas, tendo diante dos olhos aquilo que o profeta Davi já vos fazia dizer, ó bom Jesus: Traspassaram minhas mãos e meus pés e contaram todos os meus ossos (Sl 21,17).

Litania do Advento

NÓS queremos converter nosso coração,
para acolher o Reino que está para chegar!
A VOZ da profecia da esperança ressoa entre nós:
Preparai o caminho do Senhor, endireitai suas veredas!
NO MUNDO ressoa a voz da verdade,
é o amigo dos pobres que está para chegar!
A PALAVRA do Senhor é Palavra de vida,
é fonte de misericórdia e de perdão!
ACOLHE o Senhor quem vive a humildade
e reconhece que Ele é o Príncipe da paz!
O POVO da Aliança espera o Senhor,
porque nele está nossa salvação!
AJUDAI-NOS, Senhor, viver a justiça e a solidariedade,
porque este é o caminho que conduz à vida e à paz!

Litania da presença de Cristo

Jesus, Senhor ressuscitado,
nós estamos reunidos em teu nome.
Jesus, Bom Pastor,
nós estamos reunidos em teu nome.
Jesus, Palavra de vida,

nós estamos reunidos em teu nome.
Jesus, amigo dos pobres,
nós estamos reunidos em teu nome.
Jesus, fonte de todo perdão,
nós estamos reunidos em teu nome.
Jesus, Príncipe da paz,
nós estamos reunidos em teu nome.
Senhor Jesus Cristo, **tu nos chamas a nos reunir na fé e no amor**. Insufla, ainda, em nós, **a vida nova de teu Espírito Santo**, a fim de que nós possamos entender tua Santa Palavra, **rezar em teu nome**, buscar a unidade entre os cristãos **e viver mais plenamente a fé que nós professamos**. A ti toda glória e toda honra, **com o Pai e o Espírito Santo, pelos séculos dos séculos. Amém.**

Para longe o orgulho e o poder

Senhor Deus, aceitai nossa oração desta noite, enviai-nos vosso Espírito Santo, para que sejamos inspirados por vós.

Ajudai-nos a contemplar com a vida e com a alma os mistérios gloriosos de vosso Filho Jesus.

Arrancai de nós o desejo de poder e de privilégio, de destaque e de distinção, e sufocai nosso orgulho que nos impede de amar.

Ó Deus, seja de vosso agrado a oração que agora vos fazemos pelo Rádio e pela Televisão, o que rezamos em família, em Comunidade e com nosso coração. Sim, ó Deus, aceitai nossa oração! Amém!

Bênção da Família
(A bênção pode ser rezada pela família: pai, mãe e filhos. Cada um poderá fazer uma parte ou alguém dirige com a participação de todos. Deus abençoa quando estamos unidos em seu amor!)

– A paz esteja nesta casa!
– E com todos os que nela moram!
– Ficai conosco, Senhor, e acompanhai-nos. Ficai conosco, Senhor, porque as sombras vão se tornando densas a nosso redor, e vós sois a luz em nossos corações... Vós nos confortais na fração do pão para anunciar a nossos irmãos que na verdade vós ressuscitastes e nos destes a missão de ser testemunhas da vossa ressurreição.
– Ficai conosco, Senhor, e dai-nos vossa paz!
– Ficai conosco, Senhor, quando ao redor de nossa fé católica surgem as névoas da dúvida, do cansaço ou da dificuldade... iluminai nossas mentes com vossa Palavra; ajudai-nos a sentir a beleza de crer em vós.
– Ficai conosco, Senhor, e dai-nos vossa paz!
– Ficai nas famílias, iluminai suas dúvidas, sustentai-as em suas dificuldades, consolai-as em seus sofrimentos e na fadiga de cada dia, quando ao redor delas se acumulam sombras que ameaçam sua unidade e natureza.
– Ficai conosco, Senhor, e dai-nos vossa paz!
– Vós, que sois a vida, permanecei em nossos lares, para que continuem sendo lugares onde se acolha, ame-se, respeite-se a vida desde sua concepção até seu término natural.
– Ficai conosco, Senhor, e dai-nos vossa paz!
– Ficai, Senhor, com os mais fracos de nossa sociedade, com os pobres, com os indígenas e afro-americanos, que nem sempre encontraram espaço e apoio para expressar a riqueza de sua cultura e a sabedoria de sua identidade.
– Ficai conosco, Senhor, e dai-nos vossa paz!
– Ficai, Senhor, com nossas crianças e com os jovens, que são a esperança e a riqueza de nosso Continente, e a todos protegei.
– Ficai conosco, Senhor, e dai-nos vossa paz!
– Ó Bom Pastor, ficai com nossos anciãos e com os doentes. Fortalecei todos em sua fé, para que sejam vossos discípulos e missionários!
– Ficai conosco, Senhor, e dai-nos vossa paz!

(Invocação da Bênção)
– Bendigamos ao Senhor pela vida de nossa família.
– E todos vivam em seu amor!
– Que o Espírito Divino ilumine a todos desta família.
– E todos vivam na fraternidade e na união!
– Oremos: A vós, Deus Pai todo-poderoso, com fervor e humildade nos dirigimos, suplicando por esta casa, pelos que nela habitam e por tudo o que ela contém. Abençoai-a e santificai-a. Dignai-vos enriquecê-la com toda a sorte de bens. Concedei-lhe, Senhor, prodigamente, o orvalho do céu e a fertilidade da terra, os bens espirituais e as coisas necessárias para a vida e o bem-estar. Que vossa presença ilumine a vida e os caminhos desta família. E que, por vossa graça, possa esta família corresponder cada dia a vossa bondade. E vossos Santos Anjos guardem a todos. Por Cristo, nosso Senhor.
– Amém!
– Pai Nosso, que estais nos céus...
– Ave, Maria, cheia de graça...
(A casa pode ser aspergida com água benta, enquanto se reza o Pai-Nosso e a Ave-Maria.)
– Permaneçamos todos na graça de Deus, em seu amor, em sua bondade. Em nome do Pai † e do Filho e do Espírito Santo. Amém!

Conclusão

Ao finalizar esse subsídio voltado para a Celebração da Palavra em nossas comunidades, reconhecemos que somos chamados à vivência da Palavra. Ela alimenta nossa alma, ou seja, é o alicerce de nossa vida cristã. Todo discípulo-missionário aproxima-se da luz, que é o Cristo Senhor: "Quem age conforme a verdade aproxima-se da luz, para que se manifeste que suas ações são realizadas em Deus" (Jo 3,21).

Onde devo ser luz? Onde permanecem as trevas? São perguntas que devemos fazer a nós mesmos. Se somos cristãos, devemos também perguntar a nós mesmos *por que nosso testemunho não atinge o coração das pessoas?*

A alegria de *pertencer* à comunidade deve ser contagiante em nós. Somos sustentados pela graça de Deus e, por essa mesma graça, devemos servir. É exigente hoje, sempre o foi, o anúncio do Evangelho. Porém o valor está no crer, no servir e no esperar naquele que tudo pode. É nele e por causa dele que assumimos a coragem missionária. Deste modo, vivemos intensamente nossa vocação batismal.

A comunidade reunida no Cristo torna o céu presente na terra, e cada membro pode fazer a experiência do amor do Deus da vida.

Roguemos ao Senhor que esse subsídio traga os benefícios do Reino às comunidades que se reúnem em torno da Palavra do Senhor.

A Senhora Aparecida e seu esposo São José sejam parceiros de nossas comunidades e nossos intercessores junto do Pai. Roguemos ainda que Santo Afonso Maria de Ligório, grande amigo de Cristo e de Maria e fervoroso missionário, inspire nossa ação apostólica aqui e agora.

A marca FSC® é a garantia de que a madeira utilizada na fabricação do papel deste livro provém de florestas que foram gerenciadas de maneira ambientalmente correta, socialmente justa e economicamente viável.

Este livro foi composto com as famílias tipográficas Adobe Ming, Calibri, Margot, Segoe UI, Times New Roman e Yeseva e impresso em papel Offset 75g/m² pela **Gráfica Santuário**.